全国教育科学规划课题
国家青年项目（CIA180276）

U0711312

FOR-PROFIT OR NON-PROFIT:
POLICIES AND PRACTICES OF
CLASSIFICATION MANAGEMENT IN
PRIVATE UNIVERSITIES

营利抑或非营利：
民办高校分类管理的政策与实践

杨程 著

北京理工大学出版社
BEIJING INSTITUTE OF TECHNOLOGY PRESS

图书在版编目（CIP）数据

营利抑或非营利：民办高校分类管理的政策与实践 / 杨程著. —北京：北京理工大学出版社，2019.4
　ISBN 978-7-5682-6950-6

Ⅰ. ①营… 　Ⅱ. ①杨… 　Ⅲ. ①民办高校-学校管理-研究-中国
Ⅳ. ①G648.7

中国版本图书馆 CIP 数据核字（2019）第 072814 号

出版发行 / 北京理工大学出版社有限责任公司
社　　　址 / 北京市海淀区中关村南大街 5 号
邮　　　编 / 100081
电　　　话 /（010）68914775（总编室）
　　　　　　（010）82562903（教材售后服务热线）
　　　　　　（010）68948351（其他图书服务热线）
网　　　址 / http://www.bitpress.com.cn
经　　　销 / 全国各地新华书店
印　　　刷 / 保定市中画美凯印刷有限公司
开　　　本 / 710 毫米×1000 毫米　1/16
印　　　张 / 10.75　　　　　　　　　　　　　责任编辑 / 申玉琴
字　　　数 / 166 千字　　　　　　　　　　　文案编辑 / 申玉琴
版　　　次 / 2019 年 4 月第 1 版　2019 年 4 月第 1 次印刷　　责任校对 / 周瑞红
定　　　价 / 49.00 元　　　　　　　　　　　责任印制 / 李志强

序　言

　　改革开放 40 年来，中国的教育取得了巨大成就和历史性的变化。这 40 年，是不断改革和创新的 40 年，变革贯穿始终。我国高等教育在人才培养、科学研究、社会服务、国际交流和文化传承等方面做出了巨大的贡献，同时亦发展成为世界上最大规模的高等教育。在这个过程中，我国民办高等教育获得了长足的发展，同样发挥着重要作用，取得了一系列成绩，可以概括为以下三个方面。

　　一是民办高等教育逐渐获得了社会的认可。随着我国改革开放和社会观念的转变，我国民办高等教育从最初的社会认可度很低，无明确的法律地位，发展到今天民办高校数量不断增加，民办高等教育成为我国整体高等教育的重要组成部分。二是民办高等教育质量不断提高。民办高校从无到有，从单体办学到集团化办学，从相对低质量办学到逐步向高质量转型。三是有关民办教育的政策法制不断创新和发展。从 1982 年《宪法》第十九条赋予我国民办教育正式宪法地位到 1997 年国务院制定和颁布《社会力量办学条例》明确国家对社会办学"积极鼓励、大力支持、正确引导、加强管理"的十六字方针，从 2002 年颁布的《民办教育促进法》提出"合理回报"原则到 2010 年《国家中长期教育改革和发展规划纲要（2010—2020）》提出"分类管理"要求，从 2016 年《民办教育促进法》修订到相关新法新政的密集发布，无不体现了我国民办高等教育政策法制的创新及其适应性变革和发展，无不体现出我国推动和促进民办高等教育发展的重要原则和精神。

　　走过改革开放 40 年的中国教育已经站在新的历史起点上，中国民办教育也将在分类管理政策法制背景下踏上新的征程。《营利抑或非营利：民办高校分类管理的政策与实践》一书，是在我国《民办教育促进法》修订后，民办高校即将做出营利性或者是非营利性路径选择之际出版，恰逢其时。该书系统梳理了我国民办教育相关政策法制，并分析参考了美国私立高等教育的相关政策及其实践。在政策分析的基础上，展开民办高校路径选择的实践调研，研判民办高校举办非营利性高校还是营利性高校的整体趋势，分析民办高校做出路径选择的深层次原因，最后提出分类管理背景下推进民办高等教育发展的相关对策。可以说，此书紧密结合当前社会发展的实际需要，具有较高的应用价值，希望能够给民办教育的关注者提供一些参考。

"凡是过去，皆为序章"。习近平总书记在民营企业座谈会上指出："我们要不断为民营经济营造更好发展环境，帮助民营经济解决发展中的困难，支持民营企业改革发展，变压力为动力，让民营经济创新源泉充分涌流，让民营经济创造活力充分迸发。"希望我国民办教育能够在分类管理的背景下迸发新的活力，探索有中国特色的民办教育发展模式，推动我国高等教育事业的现代化发展。

秦惠民

北京外国语大学特聘教授、国际教育学院院长

前　言

　　改革开放以来，我国民办教育发展实现了从无到有、从小到大的转变，已经成为我国教育事业的重要组成部分。民办教育发展的探索与实践离不开教育法律政策的支持，同时也促进了我国教育法律的不断修订，二者相辅相成。我国民办教育的合法性基础来源于 1982 年《宪法》规定："国家鼓励集体经济组织、国家企业事业组织和其他社会力量依照法律规定举办各种教育事业。"这是我国第一次在《宪法》中鼓励社会力量参与办学，为民办教育的发展奠定了最根本的法律基础。民办教育法律制度的第二次重大突破是 2002 年颁布的《民办教育促进法》，其中最为亮眼也是争议最多的问题是民办教育"合理回报"的原则，这也是我国民办教育办学实践与法律政策相互协调的产物。2016 年 11 月 7 日第二次修正的《民办教育促进法》明确了对民办学校实施"分类管理"，是我国民办教育法律政策的第三次重大突破。

　　自修订后的《民办教育促进法》施行以来，对于 480 余所民办高校与 260 余所独立学院来说，是否营利的属性不能再模棱两可，营利性还是非营利性是摆在 740 余所民办高校面前的一道必选题。截至 2018 年年底，虽然《民办教育促进法》已经施行一年多的时间，但目前尚无一所民办高校就营利性还是非营利性的路径作出选择。那么，经过长期的理论探讨与政策调整，民办高校营利抑或非营利进入依法实操阶段为什么依然难以抉择？哪些因素影响了民办高校的选择？

　　为了解答这些问题，本书在系统梳理民办教育发展政策演变的基础上，分析民办教育发展过程中最为核心的两个概念"合理回报"和"分类管理"，以美国私立高等教育分类管理为参考，系统分析我国民办高校分类管理背景下的路径选择。

　　同时，在 2018 年 7 月国家教育行政学院举办的"民办教育分类管理专题研修班"、2018 年 10 月"中国民办高等教育改革发展

（信阳）论坛"、2018 年 11 月"中国独立学院协作会年会暨全国独立学院第十三次峰会"、2018 年 11 月国家教育行政学院举办的"第一期民办高校董事长、校长高级研修班"中展开调研，针对来自不同省份、不同类型、不同层次的近百名董事长、理事长、校长、一线教师等进行访谈，召开座谈会，探寻民办高校路径选择方向及影响因素；此外，访谈教育部相关业务司局以及省级教育行政部门负责同志，探寻系列政策的目标及地方政府的配套措施；访谈国内民办高等教育的专家，探讨民办高校未来发展策略等。这些访谈内容为本书提供了较为翔实的依据和扎实的基础，希望本书为民办高校在分类管理路径选择上作出回应。本书的主要内容包括：

首先，在系统梳理民办教育发展历史演变的基础上，对公共政策、教育投资、私立高等教育等概念进行严谨的界定，并对前人的研究进行综述。分析民办教育发展过程中最为核心的两个概念"合理回报"和"分类管理"，探讨公办高校、非营利性民办高校和营利性民办高校的同等法律地位和差别化扶持政策。

其次，以美国私立高等教育分类管理作为参考，重点分析三个方面的问题：一是梳理美国联邦政府高等教育政策的演变；二是分析营利性大学的崛起及发展；三是以美国营利性大学的典型代表——阿波罗教育集团为案例，分析美国营利性大学面临的现实困境和未来发展趋势，以期为我国营利性和非营利性民办高校的发展提供借鉴。

再次，分析我国民办高校分类管理背景下的路径选择。通过调查分析，将民办高校划分为五种类型，即"单体办学""集团化办学""上市公司办学""独立学院办学""高水平办学"，针对不同类型探讨选择不同路径的影响因素。此外，结合新高教集团的发展，解析民办高校 IPO、VIE 架构、关联交易等概念，分析民办高校在分类管理背景下上市的机遇与挑战，提出加快推进分类管理路径选择的意见和建议。

　　最后，在详细比较中美两国私立高等教育发展的政策、实践以及案例的基础上，采用史密斯政策执行过程模型，分析影响民办教育分类管理政策执行的制约因素，优化民办教育分类管理政策执行的方案，实现非营利性民办高校和营利性民办高校的优化管理。

　　当下如何进行路径选择引领学校未来发展，学校董事长、校长乃至教育行政部门相关人员尚未有明确的预判。民办高校营利性与非营利性的选择是学校发展的重大战略，不能只看当下 5 年或者 10 年的战略，而是要放到历史长河中，分析过去脉络，探寻未来趋势，结合国外的发展状态展开分析。因此，笔者在这个阶段展开研究，希望为民办高校的路径选择、发展方向、学校战略提供一种思路。

目　录

第一章　概　论

第一节　研究背景

改革开放 40 年来，我国经济社会持续高速发展，现已跃居于世界第二大经济体。我国教育事业也取得了显著的成就，已成为世界上规模最大的教育体系。但是，由于我国人口规模巨大，人均国民生产总值还很低，人均可支配收入还比较有限，经费短缺仍然是我国高等教育发展面临的难题，教育投资规模还不能完全满足国家经济社会发展和人民群众接受高等教育的需求。从我国高等教育事业发展的趋势看，一方面，高等教育事业的发展空间还很大，另一方面，国家对高等教育的投资增长空间是有限的。因此，我国高等教育的发展除了依靠国家对高等教育的投资外，还应积极探索吸引民间资本的投入。

可以发现，我国民办教育实现了从无到有、从小到大的转变，已经成为我国教育事业的重要组成部分。据 2017 年全国教育事业发展统计公报显示，全国共有各级各类民办学校 17.76 万所，占全国比重 34.57%；招生 1 721.86 万人，比上年增加 81.63 万人，增长 4.98%；各类教育在校生达 5 120.47 万人，比上年增加 295.10 万人，增长 6.12%。其中，民办幼儿园、小学和初中、高中阶段、普通高校的学生数分别占民办学校学生总数的 50.2%、27.2%、9.9%、12.3%。①我国民办高等教育在促进高等教育大众化、缓解高等教育升学压力、满足社会发展对人才的需求、促进市场经济发展以及推动我国高等教育体制改革等方面做出了巨大贡献。继续大力发展民办高等教育，调整现行的民办高等教育投资政策，建立完善顺畅的投资机制，调动全社会投资办学和捐资办学的积极性是实现我国高等教育普及化的必然选择。

但不可否认的是，目前民办高校始终无法与公办高校处于同一竞争平台，在很多方面依然无法得到必要的保障，难以得到社会的高度认可。为了从根本上解决束缚我国民办高等教育发展的体制性障碍，国家从促进民办高等教育发展出发，积极调整有关政策，探索性地放开高等教育的营利性模式，在《国家中长期教育改革和发展规划纲要（2010—2020年）》中明确提出"积极探索营利性和非营利性民办学校分类管理"，这是对民办高等教育管理的突破性进展。2013 年 9 月，国务院法制办公室关于《教育法律一揽子修订草案（征求意见稿）》中提出，为完善民办学校管理制度，对民办高等教育作进一步调整。②2016 年 11 月 7 日，由第十二届全国人民代表大会常务委员会第二十四次会议第二次修正的《中华人民共和国民办教育促进法》是我国民办教育法律政策的重大突破，明确了对民办学校实施"分类管理"，并于 2017 年 9 月 1 日正式施行。

截至 2017 年，我国民办高校共有 747 所（含独立学院 265 所），规模可观、类型多样，已成为一支独立的教育力量。分类管理背景下，营利还是非营利成为摆在民办高校面前的一道必选题。可以预见，这些政策法规将会带来一系列的"化学反应"。在民办高校分类管理后，需要实行差别化扶持，加强分类指导和规范管理，推动各类民办高校明确法人属性，明晰产权归属，不断健全收费制度、资产管理和财务会计制度，建立教育质量监测、风险防控和退出机制。因此，当下展开民办高校营利性与非营利性路径选择的研究意义十分深远。

---

① 2017 年全国教育事业发展统计公报.

② 秦惠民，杨程. 我国民办高等教育投资政策的调试与嬗变 [J]. 清华大学教育研究，2015（2）.

第二节　研究问题

修订后的《民办教育促进法》施行后，2017年11月20日，天津市政府率先印发《关于鼓励社会力量兴办教育促进民办教育健康发展的实施意见》；12月27日，《上海市人民政府关于促进民办教育健康发展的实施意见》和《上海市民办学校分类许可登记管理办法》正式发布；此外，安徽、辽宁、河北、内蒙古等地也先后颁布《民办教育促进法》配套政策。目前，从民办高校举办者的态度来看，大体可以分为三种类型：一是坚持非营利办学，如成立于2013年的非营利性民办高校联盟，已从最初发起时成立的26家民办高校发展到74家民办高校，而且成员还在不断增加；二是倾向选择营利办学，但据调查发现选择营利性高校的数量相对较少，因为涉及的相关问题较多并且难以协调；三是保持观望态度，在地方政策不明朗的情况下举办者选择静观其变。值得注意的是地方实施意见中大多设置了过渡期，期限较短的如上海，要求现有的民办学校举办者在2018年12月31日之前，向许可机关提交关于学校办学属性选择的书面材料，期限较长的如内蒙古，考虑到民办学校在办学条件、办学规模及发展速度等方面与发达地区的差距，设置了长达6年的过渡期。

分类管理背景下，民办高校究竟是选择营利还是选择非营利？民办高校作出这种选择的原因是什么？民办高校分类管理面临的困境及机遇是什么？普通民办高校、独立学院以及转制的独立学院在选择过程中有什么区别？营利性与非营利性民办高校分类管理政策体系如何完善？地方政府如何制定符合地方实际的配套措施？等等，都需要进行深入探讨与研究。具体研究内容如下：

首先，在系统梳理民办教育发展历史演变的基础上，对公共政策、教育投资、私立高等教育等概念进行严谨的界定，并对前人的研究进行综述。分析民办教育发展过程中最为核心的两个概念"合理回报"和"分类管理"，探讨公办高校、非营利性民办高校和营利性民办高校的同等法律地位和差别化扶持政策。

其次，以美国私立高等教育分类管理作为参考，重点分析三个方面的问题：一是梳理美国联邦政府高等教育政策的演变；二是分析营利性大学的崛起及发展；三是以美国营利性大学的典型代表——阿波罗教育集团为案例，分析美国营利性大学面临的现实困境和未来发展趋势，以期为我国营利性和非营利性民办高校的发展提供借鉴。

再次，分析我国民办高校分类管理背景下的路径选择。通过调查分析，将民办高校划分为五种类型，即"单体办学""集团化办学""上市公司办学""独立学院办学""高水平办学"，针对不同类型探讨选择不同路径的影响因素。此外，结合新高教集团的发展，解析民办高校 IPO、VIE 架构、关联交易等概念，分析民办高校在分类管理背景下上市的机遇与挑战，提出加快推进分类管理路径选择的意见和建议。

最后，在详细比较中美两国私立高等教育发展的政策、实践以及案例的基础上，采用史密斯政策执行过程模型，分析影响民办教育分类管理政策执行的制约因素，优化民办教育分类管理政策执行的方案，实现非营利性民办高校和营利性民办高校的优化管理。这些是写作之前拟定的首先要解决的重点问题，随着写作的展开，将依次寻找这些问题的答案。

第三节　研究目的与意义

民办高校营利性与非营利性的选择是学校发展的重大战略，不能只看当下 5 年或者 10 年的战略，而是要放到历史长河中，分析过去脉络，探寻未来趋势，结合国外的发展状态展开分析。当下如何进行路径选择引领学校未来发展，学校董事长、校长乃至教育行政部门相关人员尚未有明确的预判，在这个阶段展开研究，希望为民办高校的路径选择、发展方向、学校战略提供一种思路。

同时，民办高校如何办？民办高校如何办好？对此，民办高校营利性或非营利性路径选择可以说是民办高等教育发展的关键。只有弄清《民办教育促进法》及相关政策法规的政策背景、政策目标等才能更好地分析政策效果，因此研究将以政策分析为出发点。在政策分析的基础上，展开民办高校路径选择的实践调研，研判民办高校举办非营利性高校还是营利性高校的整体趋势，分析民办高校作出路径选择的深层次原因，比较不同类型民办高校的路径选择的区别，探索选择营利性民办高校的现实困境，最终提出分类管理背景下推进民办高等教育发展的战略及配套政策的出台调整，推动我国民办高等教育的平稳优质发展。

可以说，此书紧密结合当前社会发展的实际需要，调查结果及相关政策建议可供教育相关部门、民办高校参考，具有较高的应用价值。同时，此项研究不仅仅是民办高校路径选择问题，而是对民办高校全方位、多层次的综合分析，有利于在新的历史形势下更好地引导民办高等教育发展的实践，从而促进我国民办高等教育事业的健康发展。

第四节　相关概念辨析与述评

一、公共政策

政策活动是伴随着国家的产生而出现的，政策思想则体现在国家的管理实践中。17 世纪中叶，在以亚当·斯密（Adam Smith）为代表的古典经济学派倡导的自由放任的原则下，国家对社会经济生活的干预较少，政策活动多以调控为主。到了 19 世纪 80 年代，伍德罗·托马斯·威尔逊（Woodrow Thomas Wilson）在《政治科学》季刊上发表了《行政学研究》一文，文中谈到政治与行政的关系，指出美国的行政思路应该为行政与政治两分法，认为政府应该减少闲杂事务，专心处理公共事务，规范政府的组织机构，承担政府的责任。^①至此行政观念的确立，使研究者加强了对公共政策研究的关注。20世纪30年代经济危机的出现，从根本上动摇了依靠市场调节经济发展最有效的理念。约翰·梅纳德·凯恩斯（John Maynard Keynes）提出要用政府管理这只"看得见的手"取代"看不见的手"，加强国家对经济社会的干预，国家政策扮演了越来越重要的角色，极大地促进了公共政策的研究。1951年，美国学者哈罗德·拉斯韦尔（Harold Dwight Lasswell）和丹尼尔·勒纳（Daniel Lerner）合著的《政策科学：范畴与方法上的新近发展》一书，被人们认为是现代政策科学诞生的标志。到了20世纪六七十年代，涌现了一批政策科学研究的著作，政策研究迅速发展。查尔斯·林德布洛姆（Charles Edward Lindblom）的《决策过程》，注重政策分析模型和政策制定过程的研究；叶海尔·德罗尔（Yehezhel Dror）的政策科学三部曲是这一阶段的代表作品，包括《公共政策制定的再审查》《政策科学构想》和《政策科学探索》，系统地论述了政策科学理论；普雷斯曼和韦达夫斯基（J.Pressman &A.Wildavsky）的《执行》一书，对政策的执行进行了详细的论述。西方国家对政策科学的研究已得到较为充分的发展。

20世纪80年代以来，我国政策科学的研究也取得了进一步的发展，来自社会各界对政策的关注日渐增多。因为在社会主义市场经济条件下，我国社会经济结构发生了较大的改变，人们参与到政治经济生活的愿望更加强烈，影响着社会变革方方面面的政策自然引起人们的高度关注，使我国日益建立起规范的、系统的政策理论框架。对政策科学研究的第一步就是对政策概念这一基础问题进行探讨，我国不同学者对政策概念给出了不同的界定。张金马在《政策科学导论》一书中认为公共政策是党和政府制定的准则或行为指南，用以规范和引导团体和个人的行为。^②宁骚在《公共政策学》中认为公共政策是由公共权力机关为了解

---

① Woodrow Thomas Wilson.The Study of Administration［J］. Political Science，1886.

② 张金马. 政策科学导论［M］. 北京：中国人民大学出版社，1992.

决公共问题、实现公共利益而制定的方案。①陈振明在综合国内外学者的研究后，认为公共政策是国家或者政治团体为了实现一定的政治、经济和文化目标所制定的行为准则。②虽然各学者对公共政策概念的界定不尽相同，但其特定的制定主体、价值取向以及作为一种行为准则或规范的内涵是相一致的，这让公共政策的研究更加明确具体。与此同时，研究者针对政策理论、政策环境、政策过程以及政策分析等内容进行系统论述与思考，提升了我国公共政策的公平性、有效性及可行性。

综观中外学者对公共政策的研究，不难发现影响公共政策科学化、民主化和制度化的因素来自方方面面，要制定科学合理的政策，政策环境分析和政策过程分析是至关重要的两个方面。一方面，政策总是在特定的环境中产生的，环境是政策产生的外部系统，我们把相互关联、相互影响、相互制约的影响或者决定政策的外部因素和条件的总和，称为政策环境。政策环境影响着政策运行的各个方面和环节，如政策制定、政策内容、政策评估等。一项政策是否可行，是否能够顺利开展，无不受到其外部环境的影响和制约。政策环境不仅包括较为宏观的政治环境、经济环境、文化环境等，也包括当时社会上人们对未来的预期及心理因素，所以政策环境的分析较为复杂。当政策环境有利于社会多数人的利益需求时，那么政策将得以顺利实施，但是如果政策环境只符合少数特定人的利益时，则会增加政策实施的难度，甚至会阻挠政策的正常实施。另一方面，政策过程是政策运行中的各个阶段或环节，它是一系列政策活动组成的整体过程。针对政策过程的研究，学者们给出了多种不同的划分标准、阶段及环节。政策科学的奠基人拉斯韦尔在《决策过程》中指出，政策过程包含情报、建议、规定、行使、应用、终结、评价七个阶段。③查尔斯·O·琼斯（Charles O.Jones）的《公共政策研究导论》一书将公共政策过程划分为 11 个环节，分别为：感知/定义、汇

---

① 宁骚. 公共政策学［M］. 北京：高等教育出版社，2003.

② 陈振明. 公共政策学：政策分析的理论、方法和技术［M］. 北京：中国人民大学出版社，2004.

③ Harold D.Lasswell.The Decision Process［M］. Maryland: University of Maryland Press，1956.

集、组织、表述、议程确立、方案形成、合法化、预算、执行、评估、调整/终结。①詹姆斯·E·安德森（James E.Anderson）的著作《公共政策制定》，视政策制定过程为一个完整周期，以问题界定为起点，分析了议程设立、政策采纳、政策执行、政策评估、政策变革和政策终结一系列政策环节。②将政策过程清晰地划分为几个阶段，将复杂的政策过程简单化，并对每一个阶段加以剖析，使人们更加深入地认识了政策过程的发展。随着研究的深入，目前学者们提出了各种政策分析的新理论框架，如制度理性选择框架、多源流框架、建构主义框架等。基于对文献的分析，本书重点研究政策过程中的政策制定、政策内容和政策执行。

政策制定是政策过程的首要环节，是政策能够有效解决问题的根本前提。决策者要根据产生的政策问题，在信息不充分的情况下满足利益相关者的利益，形成政策的最佳方案。在政策制定过程中，不仅仅受客观环境的影响，往往还受到决策者的主观意愿、行为偏好等因素的制约，因此在政策制定过程中要做到政策方案的科学性、民主性及可行性。政策内容可以划分为宏观层面和微观层面，政策内容直接决定了政策执行的标准、方向及方法，也是政策评估的基本依据。宏观层面是政策的表现形式，如法律、纲要、决定、方案及措施等都是以政策内容的形式表达的，形成了政策构成体系。微观层面指的是政策本身所包含的目标、思想及其具体内容等方面，具体来说包含三个方面的信息：一是政策目标，它是政策要达到的预期效果；二是政策设计，它是政策的层级，是以法律的形式出现，还是以决定或者方案等形式出现，政策文本的内容结构如何，政策文本的篇章布局等；三是行动方法，它是具体的政策文本内容，具体要求是什么，实现政策目标的方法是什么等。政策内容一经合法化阶段并公布之后，就进入了政策执行阶段。政策执行是指相关主体按照政策内容的要求，为实现政策目标，采取一定的行为将政策内

① Charles O.Jones.An Introduction to the Study of Public Policy [M]. Manterey: Brooks/Cole Publishing Company，1984.

② 詹姆斯·E·安德森. 公共政策制定 [M]. 谢明，译. 第 5 版. 北京：中国人民大学出版社，2009.

容付诸实践以实现预期效果的过程。政策执行是政策过程的重要环节，它是一种动态的、持续的活动过程，是将政策价值、政策内容转变为现实的过程，在政策过程中具有重要的地位。

二、教育政策

教育政策作为公共政策的一部分，对教育事业的发展至关重要，社会各界对教育政策的价值导向、政策环境、政策效果、政策执行给予高度关注。人们站在不同的立场、考虑不同的利益主体，对教育政策的认识理解不尽相同。因此，如果要准确把握教育政策，需要对其概念、本质与作用进行深入分析，从而满足不同群体的愿望和要求，有利于提高教育政策的质量。国外关于教育政策的研究较早，而且出版了一批有影响力的著作，对教育政策进行了界定，如《教育与社会政策》（William O.Stanley，1966）[1]、《公共价值与公立学校政策》（Thomas B.Timar，1980）[2]、《文化与教育政策》（Frederick Wirt，1988）[3]、《教育政策中的平等与不平等》（Liz Dawtrey，1995）[4]、《教育政策：全球化、公民权利与民主》（Mark Olssen，John A Codd，Anne-Marie O'Neil，2004）[5]。其中，在莱斯·贝尔（Les Bell）与霍华德·斯蒂文森（Howard Stevenson）合著的《教育政策：进程、主题与影响》一书中介绍了政策的本质特别是教育政策的本质，并在政治、经济以及社会环境中加以分析，考虑了

---

[1] William O.Stanley.Educational and Social Policy [J]. Review of Educational Research，1966（31）.

[2] Thomas B.Timar，James W.Guthrie.Public Value and Public School Policy in the 1980s [J]. Educational Leadership，1980（11）.

[3] Frederick Wirt，Douglas Mitchell，Catherine Marshall.Culture and Education Policy：Analyzing Values in State Policy System [J]. Educational Evaluation and Policy Analysis，1988（10）.

[4] Liz Dawtrey.Equality and Inequality in Education Policy [M]. Bristol: The Open University，1995.

[5] Mark Olssen，John A Codd，Anne-Marie O'Neil.Education Policy: Globalization，Citizenship and Democracy [M]. London: Sage Publications，2004.

教育政策对国家、对州、对地区的影响。[①]弗朗西斯·C·福勒（Francis C.Fowler）在《教育政策学导论》中系统地探讨了教育政策过程的各个基本环节和制约因素，从多种角度对一些政策案例进行了分析，结合政策过程的不同环节，分析了教育财政、教育市场化等一些重大的教育政策案例的历史、争论焦点和实施效应。[②]

20世纪80年代以来，我国学者逐渐关注教育政策领域的研究，出版了大量的学术著作，如《教育政策学》（袁振国，1996）[③]、《教育政策学》（孙绵涛，1997）[④]、《教育政策法规的理论与实践》（张乐天，2002）[⑤]、《教育政策的理论与实践》（范国睿，2011）[⑥]等。近几年中，对教育政策的研究进一步深化。吴遵民在《教育政策国际比较》一书中，阐明研究各国教育政策的意义以及选择六个典型国家的缘由，归纳、分析和梳理了各国教育政策发展取得的经验及存在的问题，分别对各个国家教育政策的发展历史、现状和未来进行了俯瞰式的聚焦，对我国教育政策作了深刻反思和分析，以达到获得借鉴和启示的作用。[⑦]刘复兴在《国外教育政策研究基本文献讲读》一书中，选编和介绍了欧美主要国家的学者关于公共政策特别是教育政策研究领域具有经典性、代表性和影响力的学术文献，主要涉及四个专题，分别是：教育政策与教育政策分析、教育政策过程、教育政策研究的理论基础与方法论、教育政策与教育改革，对国外公共政策特别是教育政策研究的基本历史线索、基本问题领域、基本理论观点与理论体系有一个比较全面的研究。[⑧]闵维方和文东茅在《学术的力量：教育研究与政策制定》一书中，通过对北京大学教

① Les Bell，Howard Stevenson.Education Policy：Process，Themes and Impact［M］. London：Routledge，2006.

② 弗朗西斯·C·福勒. 教育政策学导论［M］. 许庆豫，译. 南京：江苏教育出版社，2007.

③ 袁振国. 教育政策学［M］. 南京：江苏教育出版社，1996.

④ 孙绵涛. 教育政策学［M］. 武汉：武汉工业大学出版社，1997.

⑤ 张乐天. 教育政策法规的理论与实践［M］. 上海：华东师范大学出版社，2002.

⑥ 范国睿. 教育政策的理论与实践［M］. 上海：上海教育出版社，2011.

⑦ 吴遵民. 教育政策国际比较［M］. 上海：上海教育出版社，2009.

⑧ 刘复兴. 国外教育政策研究基本文献讲读［M］. 北京：北京大学出版社，2013.

育学院的 11 个"为政策的研究"(study for policy)为典型案例，分析了教育研究与政策实践的互动交流：二者相互影响、相互促进。①

为了更加科学地把握教育政策的实质，首先要对教育政策进行准确的界定。特勒（Trowler）在《教育政策》一书中将教育政策定义为："教育政策是有关某种态度的表达，这些表达通常记录于政策文件上。它是用以达成预期目标并应当即遵循的有关教育议题的原则和行动的指南。"②我国学者孙绵涛认为教育政策是政治实体为了实现一定的教育目标而制定的行动准则。③杨润勇认为教育政策是各级政府组织为了解决所管辖区域中的教育突出问题，按照一定程序制定的行动方案。④张新平认为教育政策是国家在某个特定时期内为了教育目标的实现，而作出的战略性和准则性的规定。⑤

综观国内外的研究，几乎所有研究教育政策的专著和论文，都试图给教育政策一个准确的定义，但目前尚未形成统一的界定。不过，我们可以通过分析其中的关键词，把握学者们共同关注的实质性内容，这也有助于我们更好地理解教育政策。本书把教育政策的本质概括为以下几个方面：第一，教育政策的目标取向。教育政策是要为实现一定目标而制定的，任何教育政策的颁布、执行都是为了解决存在的教育问题，服务于社会经济的发展，通过教育政策的价值导向调整教育领域中的问题，促进教育事业的健康发展，培养社会发展所需要的高素质人才。第二，教育政策的表现形式通常会形成规范的政策文本。教育政策是具有指导意义的行为准则，它规定着政策对象应该做什么、不应该做什么和怎么做，它的表现形式必须能够被政策对象接受，所以其往往以文本的形式出现，如法律、法规、计划、规划、纲要、方案等。第三，教育政策具有一定的功能性。一般来说，教育政策具有导向功能、协调功能、

---

① 闵维方，文东茅. 学术的力量：教育研究与政策制定［M］. 北京：北京大学出版社，2010.

② Trowler P.Education Policy［M］. London: Routledge, 2003.

③ 孙绵涛，等. 教育政策论［M］. 武汉：华中师范大学出版社，2002.

④ 杨润勇. 区域教育政策行为研究［D］. 北京：北京师范大学教育学院，2005.

⑤ 张新平. 教育政策概念的规范化探讨［J］. 湖北大学学报，1999（1）.

分配功能和管理功能。导向功能是指教育政策对教育实践具有引导作用，从而实现政策的价值目标；协调功能主要是指教育发展过程中对某些失衡状态的调节和平衡，维护教育事业的正常运转；分配功能是指对教育资源、利益分配的过程，每一项教育政策都存在把教育资源、教育利益分配给谁的问题，这种对资源和利益的分配功能对社会的稳定发展起着重要作用；管理功能是指运用教育政策手段对社会生活中出现的利益矛盾、教育发展中的问题进行管理和控制。第四，教育政策协调利益分配问题。教育政策是一定社会阶级意志和利益的集中体现，它是各种教育权利和利益关系的协调器，教育政策的重要作用就是解决利益分配与教育权利实现的问题。当面对错综复杂的社会环境，需要制定教育政策并发挥其作用，协调教育利益分配，维护社会问题。第五，教育政策是一个动态发展的过程，其中教育政策的制定、政策的内容、政策的执行等是教育政策不可分割的几个部分，从而形成政策活动的动态发展。

三、私立高等教育

私立高等教育是与公立高等教育并列的两个概念，不同的国家对私立高等教育机构的内涵界定、政策规定以及职能划分等也不尽相同。美国的习惯性提法就是私立高等教育，而我国现阶段往往称之为民办高等教育。虽然称谓有所不同，但这类高校在投资主体、资金来源、管理体制等方面存在一定的共性。

在我国，民办高校的发展始于"社会力量办学"，我国 1982 年《宪法》第十九条规定："国家鼓励集体经济组织、国家企业事业组织和其他社会力量依照法律规定举办各种教育事业。"其中对社会力量举办各种教育事业的规定就是我国民办教育界定的发端。1993 年《民办高校设置暂行规定》对"民办高校"的概念进行了界定，指出"本规定所称民办高等学校，系指除国家机关和国有企事业组织以外的各种社会组织以及公民个人，自筹资金，依照本规定设立的实施高等学历教育的教育机构"。1997 年，《社会力量办学条例》中规定"企业事业组织、社会团体及其他社会组织和公民个人利用非国家财政性教育经费，面向社会举办学校及其他教育机构的活动，适用本条例"，对民办教育发展作出进一步的规范。这个条例于 2003 年废止，由《民办教育促进法》取代。《民办教育促进法》指出，民办教育是指"国家机构以外的社会组织或个人，利用非国家财政性经费，面向社会举办学校及其他教育机构"。2016 年12 月 29 日，国务院发布的《国务院关于鼓励社会力量兴办教育促进民办教育健康发展的若干意见》中指出，"社会力量兴办教育是指各种社会力量以捐赠、出资、投资、合作等方式举办或者参与举办法律法规允许的各级各类学校和其他教育机构"。通过对概念的界定，可以梳理出民办高等教育具有以下几个特征：投资主体是国家机构以外的社会组织或者个人，不仅包括企业、社会团体，还包括自然人；投资的来源主要是国家财政性经费以外的其他渠道；投资的方式可以采取捐赠、出资、投资、合作等；投资收益上根据相关法律法规可以选择营利性和非营利性。

美国的私立高等教育与我国的私立高等教育既有相同点，同时也存在一定程度的差别。在办学形式上，美国将私立高等教育分为私立非营利性高校和私立营利性高校，这也是我国目前分类管理改革的方向；在经费来源上，美国私立非营利性高校可以获得大量科研经费的拨款以及捐赠资金，营利性高校以学费收入为主，我国民办高校主要以学费收入为主；在办学质量上，美国有一大批私立非营利性高校办学质量处于世界领先地位，如常青藤联盟中八所高校都是私立非营利性，我国高质量的民办高校相对匮乏。

基于对私立高等教育的界定，本书研究对象为美国私立非营利高校、私立营利性高校和我国的民办高校。同时，私立高等教育又可以分为两类：一类是可以颁发学历文凭的教育机构，一类是非学历文凭的教育机构。本书只研究具有颁发学历文凭资格的教育机构。

四、民办高校营利与非营利

我国民办高校发展始于 20 世纪 80 年代，民办高校作为专门的研究对象依然处于探索发展阶段。首先，对民办高等教育发展中存在的主要问题，可以归纳为资金不足、经费来源渠道单一、银行贷款困难等。如吴雪晶通过研究发现，我国民办高等教育投资存在的主要问题包括：国家财政资助不足、民办高校社会声誉不高、吸纳捐赠投入能力有限、学费上涨空间有限、现行体制不利于民办高校获取金融支持、开展对外服务和销售能力薄弱等。[①]张剑波从民办高等教育投资的政策风险、市场风险、财务风险以及教育质量风险的角度进行研究，提出应用政策和法规的手段加以防范和规避。[②]杨德岭和陈万明在对我国民办高等教育现状的分析中指出，资金来源渠道单一是民办高等教育投资的主要问题，其中包括对学费收入过重依赖、政府资助十分微薄、银行贷款艰难、社会捐赠较少、投资收益率低下等。[③]针对营利性与非营利性的研究，石邦宏和王孙禺从制度的角度探讨民办高校营利性与非营利性问题，提出分类界定民办高校的法人性质，分类界定政府对民办高等教育的资金投入。[④]潘懋元等人对民办高校的公益性与营利性进行了探讨，研究指出，民办高校具有非商业投机性、社会效益外溢性，民间投资办学具有公共投资替代性，为了提高社会投资民办高等教育的积极性，应当赋予民办高校一定的营利空间。[⑤]赵彦志探讨了民办高等教育投资举办者投资教育获得合理回报的问题，通过对相关数据的分析，计算出高等教育投资的社会平均收益率区间，建议明晰民办高校治理结构，最大限度发挥合理回报对投资者的激励作用。邬大光研究了资本市场对民办高等教育经费的保障问题，从营利与非营利的视角探讨在我国逐步放开资本市场，扩大民办教育经费的来源渠道。[⑥]

其次，针对国外私立高等教育的发展，也做了大量的研究。如马立

---

① 吴雪晶. 我国民办高校教育经费筹集多元化发展模式研究 [D]. 济南：山东大学，2009.

② 张剑波. 民办高等教育投资风险及其规避 [J]. 高等工程教育研究，2007（2）.

③ 杨德岭，陈万明. 我国民办高等教育投资现状与投资对策探析 [J]. 河南师范大学学报：哲学社会科学版，2012（9）.

④ 石邦宏，王孙禺. 民办高校营利性与非营利性的制度思考 [J]. 中国高教研究，2009（3）.

⑤ 潘懋元，别敦荣，石猛. 论民办高校的公益性与营利性 [J]. 教育研究，2013（3）.

⑥ 邬大光，王建华. 对高等教育介入资本市场的反思——营利与非营利视角 [J]. 教育发展研究，2005（8）.

武分析了第二次世界大战后美国私立大学的发展，指出了私立大学的发展优势、优良传统。上海市教育委员会美国私立大学考察团于 2005 年对美国非营利性高校进行考察，访问了美国联邦教育部、美国教育促进与自主委员会、美国教育委员会、美国高等教育认证委员会，以及哥伦比亚大学、哈佛大学等，研究了美国私立大学的起源、发展与现状，分析了联邦政府、州政府与私立大学的关系。[①]袁青山研究了美国私立营利性和非营利性高校的分类管理，二者在组织目标、办学理念和运行规则等方面存在较大差异，美国采取不同的政策对二者进行管理，取得了良好的成效。[②]温松岩在对美国私立高等教育发展研究一文中指出，1973 年，联邦政府的"佩尔助学金"计划使得营利性高校的学生同样具有可以申请政府教育资助的权利，从而使营利性高校快速发展起来。但由于发展的不规范，给营利性高校发展带来许多负面效应，直到 1992 年认证制度的发展才使得营利性高校步入正轨。[③]汪峰重点研究了认证制度对营利性高校发展的保障机制，认为美国营利性高校发展壮大的过程离不开认证制度的支撑，在保障营利性高校教学质量、就业质量、教学与服务等方面发挥了重要作用，也为营利性高校经费的充足提供了保障。[④]高小立和周保利以阿波罗教育集团为案例，分析了其教育投资情况，对集团的资产负债、综合收益、市场表现等财务数据进行了详细的分析，深入研究了营利性高校的经费情况。[⑤]国外学者米切尔·B·鲍尔森在《高等教育财政：理论、研究、政策与实践》一书中系统地介绍了美国公立和私立高等教育收入与支出的发展趋势，从高等教育财政政策的角度阐述了美国高等教育投资的问题，提出了 1960—1990 年联邦政府大

---

① 上海市教育委员会美国私立大学考察团. 美国私立大学管理体制 [J]. 教育发展研究, 2005（5）.

② 袁青山. 美国私立营利性和非营利性大学的分类管理和启示 [J]. 现代教育科学, 2011（5）.

③ 温松岩. 美国私立高等教育的发展、演变、特征与未来走势 [J]. 清华大学教育研究, 2005（4）.

④ 汪峰. 认证规范与就业驱动——美国营利性大学教育质量保障机制探讨 [J]. 教育发展研究, 2008（10）.

⑤ 高小立，周保利. 美国阿波罗教育集团经营状况分析 [J]. 河北大学学报：哲学社会科学版, 2014（2）.

学生资助增长的悖论，对如何解决私立高等教育问题提出展望。^①Steiner-Khamsi，Gita 编著的《The Global Politics of Educational Borrowing and Lending》一书中，从教育政策的全球化与教育资金借贷的角度论述了教育改革问题，书中囊括了多个国家教育发展的政策，并提出私立教育在全球化过程中的重要作用。^②Hilmer 从家庭投资教育的角度论述了学生对公立高校与私立高校的选择问题，比较关键的影响因素是教育财政政策的支持力度与获取条件，从学费的角度论述教育投资回报的问题。^③David Breneman 对美国 43 个州营利性高等学校的发展历史、投资模式、资金来源、政策支撑等方面进行了较为深入的探讨。

最后，需要特别指出的是，2017 年修订后的《民办教育促进法》实施前后，针对民办高校分类管理的研究达到了空前的热度，杨刚要对民办高等教育研究进行了综述，王诺斯等分析了制度创新背景下民办高校的现实困境问题，王鲁刚分析了营利性民办高校的困境并提出解决策略，等等。值得一提的是，《民办教育促进法》修订及相关配套政策颁布前已经在上海、温州等地进行了试点，提供了一些发展思路，如刘珍在《营利性民办学校制度建设的探索——以温州民办教育改革为例》一文中，详细介绍了温州作为国家民办教育综合改革试点城市，创设了营利性民办学校制度的温州样本，为全国启动民办教育分类管理改革提供了一种思路。

综合分析后，现阶段的研究多从借鉴国外营利性高等教育发展经验、我国民办高校发展面临的瓶颈、营利性高校发展的困境等方面展开，理论探讨方面居多。在民办教育分类管理后，我们更多的应从理论探讨向实践调查转变，即调查研究民办高校现实发展情况。在这种背景下，加强民办高校非营利性与营利性的路径选择调研，剖析举办者选择倾向

---

① 米切尔·B·鲍尔森. 高等教育财政：理论、研究、政策与实践 [M]. 孙志军，等，译. 北京：北京师范大学出版社，2008.

② Steiner-Khamsi，Gita.The Global Politics of Educational Borrowing and Lending [M]. London: Teachers College Press，2004.

③ Hilmer，M.J.Post-Secondary Fees and the Decision to Attend an University or a Community College [J]. Journal of Public Economics，1998.

性的影响因素至关重要。

通过对公共政策、教育政策、私立高等教育、民办高校营利与非营利等问题的文献梳理，更加准确地把握了这些问题的实质，理清了教育政策与教育实践的关系，为本书深入分析民办高校营利抑或非营利问题奠定了基础。同时，对现有的研究分析后，虽然我国学术界对民办高校分类管理的研究取得了阶段性的成果，但可以发现，仍然存在一些领域值得深入研究，仍然存在一些问题亟待解决和改进，可以将它们归纳为以下三个方面。

首先，目前针对民办高校分类管理的路径选择，很多学校都持观望的态度，尚缺乏全面系统的研究。本书将从教育政策的视角切入，分析从合理回报到分类管理的法治理念变迁，探讨公办高校、民办非营利高校、民办营利高校的同等法律地位和差别化扶持政策，从而挖掘教育政策对民办高校的指导和规范作用，为我国民办高校作出营利抑或非营利的选择提供一些建议。

其次，在实施分类管理后，对如何规范投资主体、如何保障经费来源、如何完善相关政策等方面的研究还不够深入，这是当前亟待解决的问题。本书将在分析美国私立高等教育投资基本情况的基础上，探讨美国私立高等教育发展的政策动因，探究营利性高校快速发展取得显著成绩，而后又逐渐下滑的历程，分析美国如何有效管理私立营利性高校和私立非营利性高校，力求为我国民办高校的发展提供一些借鉴，切实为分类管理后的政策制定提供一些可行性建议，针对这些问题的解答将构成本书研究的主线。

最后，现有的一些对民办高校政策分析的文章，多从政策的内容等单一层面进行研究，缺乏整体性的考量，缺乏从政策执行的角度进行全面分析。在对中美两国公共政策、教育政策、私立高等教育文献进行梳理的基础上，从政策价值导向、政策环境和政策执行等多个维度提出民办高校政策的分析路径，系统分析民办高校分类管理问题，有助于实现我国民办高校的健康有序发展。

第五节　研究方法

一、比较研究法

教育问题是个世界性的难题，虽然每个国家面临的情况不同，但发达国家成功的经验或者失败的教训，对我国都有一定的借鉴意义。在比较对象选择的过程中，既要注意分析比较对象的共性，又要区分比较对象的个性，二者应该具有一定的可比性。本书选择教育最为发达的美国作为比较对象，分析其私立高等教育政策的发展，以及营利性高校的基本特点、发展规律和总体趋势，实现对我国民办高等教育的审视与反思，发现制约我国民办高等教育发展的症结所在，从而为我国民办高等教育的发展提出对策。此外，在我国不同类型民办高校之间进行比较。普通民办高校、独立学院以及转制独立学院的路径选择存在差异，需要通过比较进行研究。

二、政策文本研究法

政策文本通常指的是由国家颁布的法律、法规及部门规章，它是政策研究中最基本的素材。政策文本蕴含了民办教育基本的特征，政策文本的变化反映了教育政策演变的历史进程。对政策文本的分析既可以是对文本定性的描述阐释，也可以是对政策文本的定量分析。无论采取哪种形式，最为关键的是要分析政策文本的本质内涵，透过政策文本的现象看到政策文本的本质，将政策文本与政策制定时所处的政策目标、政策环境、政策过程有机结合起来。本书将收集第二次世界大战后美国高等教育政策文本的一手资料，如《高等教育法》《学生贷款改革法》《美国恢复与再投资法 2009》等，系统分析私立高等教育的政策，探寻影响美国私立高等教育的本质。同时，还将研究改革开放后影响我国民办高等教育的政策文本，如《教育法》《高等教育法》《民办教育促进法》《独立学院设置与管理办法》等，通过研究不同历史时期的政策文本内容，分析其对民办高等教育的影响。

三、访谈法

访谈法主要是研究者通过有目的地与被研究者直接交谈获取数据资料的方法，具有调查方式灵活、数据资料可靠、研究问题深入等特点。对民办高校分类管理的研究，需要对不同的主体进行访谈，通过面对面的沟通了解政策运行，获取研究信息。在本研究中，既有对美国私立高等教育政策的分析，也有对我国民办高等教育政策的分析，因此在访谈对象的选择上，注意访谈对象的代表性与全面性，较为客观地对私立高等教育问题进行分析。作者利用在美国访学的机会，对高校教师、学生以及公众进行随机访谈，采用的访谈方式既包括直接访谈和间接访谈，也包括个别访谈和集体访谈，深入细致地了解美国私立高等教育政策运行、实施情况以及不同政策对象的实际感受。对我国民办高等教育政策调查访谈时，设计访谈提纲，深度访谈多所民办高校董事长、理事长或校长，探寻民办高校路径选择的原因；访谈教育部相关业务司局以及省级教育行政部门负责同志，探寻系列政策的目标及地方政府的配套措施；访谈国内民办高等教育的专家，咨询民办高校发展的前沿问题及未来发展策略等。这些访谈内容为本研究提供了较为翔实的依据，使研究结论更加可靠，为研究的理论分析提供了较为扎实的实证基础。

四、案例分析法

案例分析是政策研究最为重要的研究方法之一。通过对个案全面深入的研究可以整体把握教育政策的实施过程以及发展趋势，体现教育政策在教育发展中起到的作用，尤其是可以从特殊性案例分析中得出普遍性的结论，为教育政策更好地运行提供实践支撑。由于中美两国私立高等教育政策的差异性，私立高等教育发展模式存在很大不同，最为明显的就是营利性高校的发展。美国自 20 世纪 70 年代营利性高校开始崛起，经过 40 多年的发展已经在美国教育事业中占据了重要地位，其中政策的引导作用十分重要。本研究选取目前在美国教育市场发展比较成熟的阿波罗教育集团，分析教育政策对营利性高校的影响，以及美国私立营利性高校发展的经验、困境及发展趋势。在我国，选取民办高等教育的典型代表新高教集团进行分析，研究新高教集团发展的脉络、发展的政策环境、办学条件、上市机遇与挑战等情况，为我国更好地推动民办高校分类管理提出政策建议。

第六节　研究创新之处

一、研究的前沿性

本研究紧跟教育政策发展的前沿问题，力求解决当前民办高等教育存在的突出问题。民办高等教育政策是公共政策的一个重要组成部分，政府在颁布公共政策时要考虑政治、经济、社会和文化发展的方方面面，必须是一个能够解决当前社会热点问题的具体方案，可以促进社会各方面有机协调并良好运行。基于此，对教育政策的研究必须紧跟当前的时事政治、社会热点难点问题。民办高校分类管理政策将极大地改变我国民办高等教育的发展模式，推动民办高等教育的新一轮发展。美国是私立非营利性高校、私立营利性高校发展均取得显著成绩的代表性国家，研究美国私立高等教育的问题，尤其是 20 世纪 80 年代以后私立营利性大学的高速发展，是我国民办高校开展分类管理的重要参考。

二、学术观点

学术观点一：民办高校分类管理是高等教育发展多元化的重要途径，不论是非营利性民办高校还是营利性民办高校，都要充分激发办学的积极性与主动性。非营利性民办高校不能办成"第二公办高校"，而是要充分发挥《民办教育促进法》赋予的学校办学自主权，探索特色办学模式；营利性民办高校充分发挥市场机制，既然选择了营利，就要从投资收益角度出发办学，但一定要坚守住公益性的教育属性，这也是民办高校长远发展的制胜法则。

学术观点二：地方政府的配套政策是民办高校分类选择的关键因素，甚至是决定性因素，要进一步探索完善地方配套政策，唯有如此才能保障民办高校的健康发展。

学术观点三：民办高校分类管理政策的出台，仅仅是民办高校进一步发展的开端，如果期许达到政策目标，需要出台相应税务政策、财政政策、监管政策的配套措施。这是对我国社会主义市场经济的进一步诠释，释放了更多的发展空间，创造了更多的可能性，必将在民办教育发展史上留下浓墨重彩的一笔。

三、方法特色

社会科学研究方法可以总括为定量研究与定性研究，又可以细分为问卷调查法、访谈法、个案研究法、实验法等。本研究在方法上的特色体现在综合方法的运用，融合重点访谈、比较研究（不同国家之间的比较、不同类型高校的比较）、案例研究等，这种研究方法可以更加全面客观地反映不同主体、不同区域以及不同类型高校之间的关系。

四、应用史密斯政策执行过程模型进行分析

我国民办教育分类管理政策的顶层设计基本完成，但是政策过程的

含义不仅指政策制定，还包括政策执行。将分类管理政策目标转化为政策效果，离不开政策的有效执行。本书采用成熟的、修正后的史密斯政策执行过程模型，发现分类管理政策体系尚未完善等制约民办教育发展的因素，为了减少"政策梗阻"和"政策失真"现象，可采取制定精细化的政策措施、提高政策执行能力等手段予以解决，不仅可以实现民办学校分类管理政策的目标，而且为其他教育政策的执行也提供了借鉴。

第七节　研究内容框架

一、章节内容

本书共分为七章，主要包括以下内容：

第一章为概论。根据时代发展的背景、民办高等教育发展情况、分类管理政策发展趋势，提出具体研究问题，分析研究目的，并分析研究民办高校分类管理问题的重要意义，介绍了本书所要采用的研究方法、技术路线以及创新之处等。

第二章为民办高校发展政策脉络的梳理与分析。在系统梳理我国民办高校发展政策的基础上，对民办高校发展的核心问题——合理回报和分类管理进行述评，为本书的下一步研究奠定基础。

第三章是对公办高校、民办非营利性高校和营利性高校同等法律地位和差别化扶持政策的比较。在某种意义上，分类管理改革的成效很大程度上取决于民办高校同等的法律地位能够在多大程度予以落实，以及差别化扶持政策中的"差别"究竟有多大。同时，在比较的基础上探讨民办学校选择营利性或者非营利性路径的倾向性。

第四章是对美国私立高等教育发展的分析与借鉴。本章首先梳理了第二次世界大战后美国联邦政府高等教育政策的发展脉络，并将其归纳为三个时期：分别是强化时期（第二次世界大战以来—60 年代末）、放缓期（70 年代初—20 世纪末）、稳定期（21 世纪以来）。随后研究了美国私立营利性高校的发展，并结合阿波罗教育集团的案例，详细具体地分析了美国营利性高校的崛起、发展以及困境，最后总结了美国私立高等教育发展对我国的借鉴意义。

第五章是对我国民办高校分类管理的路径选择进行调查研究。分别在 2018 年 7 月国家教育行政学院举办的"民办教育分类管理专题研修班"、2018 年 10 月"中国民办高等教育改革发展（信阳）论坛"、2018 年 11 月"中国独立学院协作会年会暨全国独立学院第十三次峰会"、2018 年 11 月国家教育行政学院举办的"第一期民办高校董事长、校长高级研修班"中展开调研，针对来自不同省份、不同类型、不同层次的近百名董事长、理事长、校长、一线教师等进行访谈，召开座谈会，探寻民办高校路径选择方向及影响因素；同时，访谈教育部相关业务司局以及省级教育行政部门相关负责同志，探寻系列政策的目标及地方政府的配套措施；此外，访谈国内民办高等教育的专家，探讨民办高校未来发展策略等。

第六章以新高教集团为案例，分析了民办高校在分类管理背景下的上市问题，厘清了 IPO、VIE 架构、关联交易等概念，分析了民办高校上市面临的机遇与挑战，详细分析了新高教集团的发展脉络、上市历程以及上市后的表现，最后提出民办高校上市规范化发展的政策建议。

第七章在前几章分析的基础上，提出推动民办高校分类管理背景下发展的对策建议。本章采用史密斯政策执行过程模型，分析影响民办教育分类管理政策执行的制约因素，以期为民办教育分类管理政策在后续执行过程中扫清障碍，优化民办教育分类管理政策执行的路径选择，确保民办教育分类管理政策执行取得更好的效果，实现非营利性民办高校和营利性民办高校的优化管理。

二、技术路线

本书的篇章结构和技术路线如图 1-1 所示，研究技术路线中所涉及的研究方法在上文中有较为详细的论述。

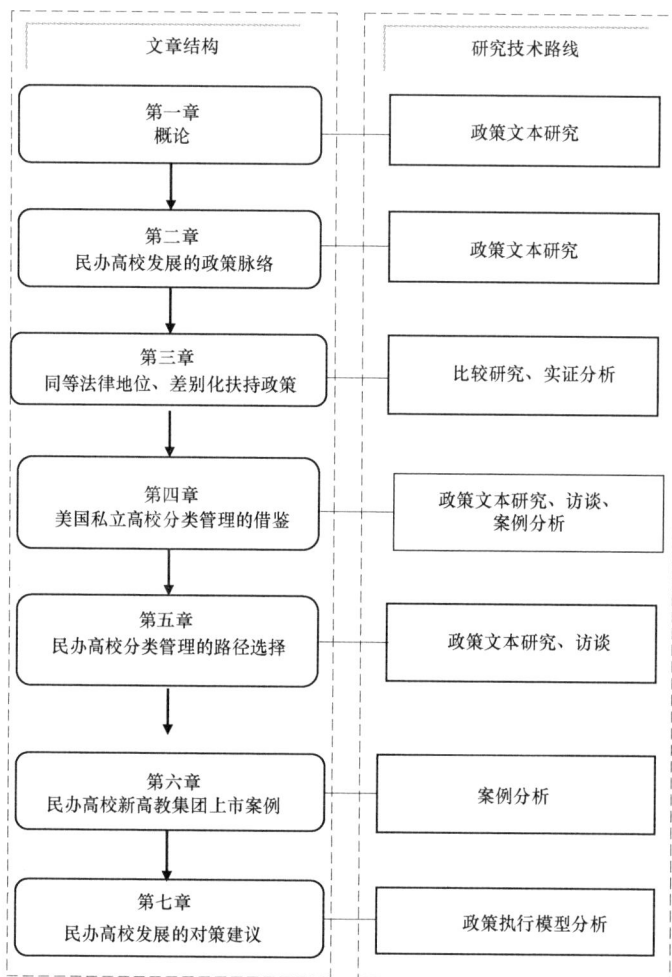

图1-1 文章结构和技术路线

第二章　民办高校发展的政策脉络

第一节　民办高校发展政策回顾

　　我国民办高校是随着改革开放逐步发展起来的，并在社会主义市场经济体制转型后逐渐壮大。经过 30 多年的发展，已经在办学规模、办学条件以及办学经费等方面取得了显著的成绩。根据我国颁布的民办高等教育重要文件及其主要内容（如表 2-1 所示），可将民办高等教育发展政策划分为以下五个阶段：改革开放到 1992 年为初始阶段，这个时期民办高等教育的资金主要来源于个人投资和收取的学费，办学资金以滚动的方式发展，教育政策对民办高等教育发展的规范相对较少；1993 年到 2001 年为鼓励阶段，这一阶段的民办高等教育经费来源渠道有所扩展，形成了学校与企业联合投资等形式，教育政策对民办高等教育的发展主要进行鼓励；2002 年到 2009 年为促进发展阶段，资本市场的资金逐渐引入民办高等教育，银行逐渐放开对民办高校的贷款，相应的政策开始鼓励各方力量对民办高等教育进行投资；2010 年到 2016 年为调整阶段，这一阶段的政策拟对民办高等教育进行分类管理，探索性地将民办高等教育分为营利性与非营利性；2017 年至今为规范阶段，《民办教育促进法》明确了对民办高校进行营利性与非营利性的分类管理，针对不同类型的学校予以不同的支持，进一步规范民办高校的发展。

表 2-1　改革开放以来民办高等教育发展重要政策法规一览

年份	政策法规	主要内容
1982	宪法	第一次在宪法中鼓励社会力量参与办学
1987	原国家教委关于社会力量办学的若干暂行规定	确定办学经费自行筹集原则，允许收取合理学杂费
1993	中国教育改革和发展纲要	"积极鼓励，大力扶持，正确引导，加强管理"的十六字方针
1995	中华人民共和国教育法	明确教育不能以营利为目的的宗旨
2002	中华人民共和国民办教育促进法	提出民办教育"合理回报"原则
2003	教育部关于规范并加强普通高校以新的机制和模式试办独立学院管理的若干意见	民办高校的新模式，实现民办高校跨越式发展
2010	国家中长期教育改革和发展规划纲要	提出探索营利性和非营利性民办学校分类管理
2013	教育法律一揽子修订草案（征求意见稿）	民办高校"非营利性或者营利性法人"自主登记原则
2016	通过《民办教育促进法》修订案	明确营利性和非营利性民办学校分类管理
2016	国务院关于鼓励社会力量兴办教育促进民办教育健康发展的若干意见	全面部署了民办教育改革发展的各项政策措施
2016	民办学校分类登记实施细则	做好民办学校的分类管理与分类登记工作
2016	营利性民办学校监督管理实施细则	科学稳妥做好营利性民办学校监督管理各项工作

一、民办高等教育发展政策的五个阶段[①]

（一）民办高等教育发展政策的初始阶段

改革开放初期，没有正式的政策法规规范民办高等教育的活动，民办高等教育发展环境相对自由，对办学体制、投资模式的约束条件模糊。这使得社会力量投资民办高校找不到具体的政策依据，一定程度上导致

① 秦惠民，杨程．我国民办高等教育投资政策的调试与嬗变 [J]．清华大学教育研究，2015（2）．

了民办高等教育办学的混乱，产生了各种各样的社会问题。而随着这些问题的扩大并受到重视，国家及政府部门逐渐开始规范民办高等教育发展，直接表现形式是形成了一系列的规范性文件：1982 年修改的《宪法》规定"国家鼓励集体经济组织，国家企业事业组织和其他社会力量依照法律规定举办各种教育事业"。这是我国第一次在《宪法》中鼓励社会力量参与办学，构成了我国包括民办高等教育在内的所有民办教育的合法性基础。原国家教委 1987 年 7 月发布的《关于社会力量办学的若干暂行规定》，对社会力量的主体、社会力量办学的方针、办学资产的所有权等问题进行了说明，规定"社会力量办学的经费自行筹集。学校可向学员收取合理金额的学杂费，但不得以办学为名非法牟利"。以法规形式明确了民办教育发展的合法性。

然而，丰富多彩的高等教育实践与高等教育政策法规的要求存在很大的差距，主要表现为以下几个问题：一是"三无高校"的大量涌现。随着我国高等教育制度的恢复和重建，教育的需求迅速增加，公办高等教育的供给与需求产生矛盾。在这样的背景下，在一些大都市出现了一些由退休教师和社会人士利用自己筹集的资金创办的各种高等教育形式，由于当时资源匮乏以及对社会投资办学的限制，这些高等教育形式几乎是无固定的办学场所、无固定的办学经费来源、无专职教师的"三无高校"，这种高等教育的人才培养受到很大限制。二是"违规办学"不断发生。民办高校的办学行为与政策法规出现冲突，以"非学历教育"为主的培训机构许诺发放国家承认的学历文凭，导致高等教育市场混乱。三是"非法牟利"现象严重。民办高校利用国家允许社会力量办学收费的规定，乱登招生广告，扩大招生规模，收取高额学杂费，从中牟取暴利。因此，在这样的背景下，政府部门出台了有针对性的政策文件，如 1987 年 12 月原国家教育委员会和财政部联合颁布的《社会力量办学财务管理暂行规定》、1988 年 10 月原国家教育委员会颁布的《社会力量办学教学管理暂行规定》等，这些政策措施对社会力量投资教育的经费来源、经费支出、日常财务管理、办学场地等作了明确的规定与限制，加强了对民办高等教育投资的管理。

（二）民办高等教育发展政策的鼓励阶段

1992 年 10 月，党的十四大报告中提出"鼓励多渠道、多形式社会集资办学和民间办学，改变国家包办教育的做法"，大力支持民办教育的发展。次年 2 月中共中央、国务院颁布的《中国教育改革和发展纲要》提出了国家对发展民办教育的"积极鼓励，大力扶持，正确引导，加强管理"十六字方针，确立了教育以政府办学为主、社会各界共同办学的新体制。1993 年 8 月，国家教育委员会颁布《民办高等学校设置暂行规定》，这是我国第一次出台针对民办高校发展的具体政策，明确提出了民办高校"要有与建校相应的建设资金和稳定的经费来源，建校、办学费用由申办者自行筹措"的投资方式，并且规定民办高等学校不得以营利为办学宗旨。1995 年颁布实施的《中华人民共和国教育法》明确规定了鼓励企业事业组织、社会团体、其他社会组织及公民个人依法举办学校及其他教育机构，但同时也规定了任何组织和个人不得以营利为目的，即把民办高校定位于非营利性组织。1996 年，原国家教委颁布了《关于社会力量办学管理经费问题的意见》，在这个意见中对民办高校投资来源提出了"引入政府支持"，因为社会力量办学是我国社会主义教育事业的组成部分，所以鼓励政府通过行政事业费的途径解决管理经费问题，即鼓励政府部门对民办高校进行经费投资。在这一阶段，最能体现国家促进和引导民办高等教育投资积极性的文件应属 1997 年 7 月国务院发布的《社会力量办学条例》，其中规定"对在社会力量办学中做出突出贡献的组织和个人，给予奖励"，同时，在教育机构解散进行财产清算时，可以返还或者折价返还举办者的投入，在一定程度上减轻了投资民办高等教育者的担心和顾虑，从而起到了鼓励社会力量积极投资办学的作用。

在国家的鼓励政策下，这一阶段民办高等教育得到了发展。但在实践中同时也存在着民办高等教育的发展与政策目标不一致的现象。主要表现在以下几个方面：一是民办高校的"营利"问题。从《教育法》到

《社会力量办学条例》都明确规定了教育属于公益事业，不能以营利为目的，民办高校应定位于非营利性的公益组织。但在实践中，民办高校投资者的逐利行为并没有得到有效限制，由于民办高等教育的投入资金大部分来自商业性资本，其投资的主要目的是对经济利益的追求。一些民办高校的营利目的和行为已经成为教育界"公开的秘密"。二是民办高校投资模式问题。民办教育在积极有利的政策环境中取得了蓬勃的发展，为获得大量资金投入，民办高校探索了不同的投资模式：如民办公助模式，即由社会人士进行主要投资，政府部门给予土地、税收政策等优惠支持；民办民有模式，即投资主要由民间自行筹资；校企联办模式，即由学校和企业共同投资民办高等教育。这些不同类型、不同方式的投资模式，有些并没有像开始预期的那样使得民办高校按照政策预定的轨道发展，这些投资模式很多是违规操作、暗箱运行，如民办高校出现的"圈地运动"、利用税收优惠发展民办高校产业等。这些做法，实际上不但不利于民办高等教育经费的增加，反而影响了民办高校的正常办学秩序。

（三）民办高等教育政策发展的促进阶段

针对我国教育法律政策中关于民办高校投资的"非营利性"规定与"营利性"实践的矛盾，2002 年颁布的《民办教育促进法》创造性地规定了民办高校的投资人可以从办学结余中获得"合理回报"的原则，以政府专项资金、政府经费资助、税收优惠政策、捐赠、金融信贷等方式加强对民办高等教育的投资与支持，并且首次规定"民办学校在扣除办学成本、预留发展基金以及按照国家有关规定提取其他的必需费用后，出资人可以从办学结余中取得合理回报"，从而使民办高等教育投资者获得回报得到了法律的支持。2004 年 2 月颁布的《民办教育促进法实施条例》，对民办高等教育投资的"合理回报"作了更为细化的规定，针对投资者要求或者不要求取得合理回报的民办学校，给予不同的税收优惠政策、信贷政策、资助政策等，进一步规范了民办高校投资与回报之间的关系。

在这一时期，我国民办高校不论在发展速度上还是在办学规模上都取得了显著的成绩。如表 2-2 所示，我国民办高校数量从 2003 年的 175 所增加到 2013 年的 718 所，取得了较快发展。但与此同时，在实践中也产生了一些必须通过法律政策的调整才能妥善解决的问题。一是教育投资过分依赖贷款，导致部分民办高校陷入债务危机。随着我国高等教育大众化的发展，民办高等教育也获得了相应的发展机遇，民办高校纷纷扩大学校规模。《民办教育促进法》规定"国家鼓励金融机构运用信贷手段，支持民办教育事业的发展"，民办高校纷纷向银行申请贷款，这已成为其主要经费来源之一。由于这一时期公办高校独立学院的发展以及公办高校的扩招，民办高校的生存空间受到挤压，生源数量减少，投资收益降低，贷款就成了民办高校的沉重负担。二是由于公办高校以独立学院的形式进入民办高等教育领域，产生了不公平竞争的现象。2003 年 4 月，教育部印发《关于规范并加强普通高校以新的机制和模式试办独立学院管理的若干意见》，使独立学院成为公办高校进入民办高等教育的一种新的模式。从表 2-2 中可以看出 2003 年民办高校数只有 175 所，在校生 81 万人，到了 2005 年就达到了 547 所（其中独立学院 295 所），在校生 212.63 万人（其中独立学院 107.46 万人），实现了民办高校的跨越式发展。2008 年 2 月发布《独立学院设置与管理办法》，进一步巩固了公办高校对民办高等教育的投资与支持。其中，独立学院在文凭发放、土地等政策优惠、名师教学、校园环境等无形资产的投入方面是民办高校无法比拟的，与此同时人们对民办高校缺乏认同感，甚至对其不屑一顾。这种强烈的反差使民办高等教育陷入严重的发展困境。三是民办高校出现了新的营利模式，与教育法律政策的规定相冲突——随着我国资本市场的发展，在民办高等教育投资中出现了新的模式，民办高等教育投资人在海外注册公司并上市，规避了我国关于禁止营利性教育的政策法规。通过"海外上市"实现其营利性，这已经成为我国民办高等教育营利的主要模式，已有的法律政策对这一现象的调控显得乏力。

表 2-2　2003—2013 年我国民办高校数量及在校生数①

年份	民办高校数/所	在校生/万人	年份	民办高校数/所	在校生/万人
2003	175	81	2009	658	446.14
2004	228	139.75	2010	676	476.68
2005	547	212.63	2011	698	505.07
2006	596	280.49	2012	707	533.18
2007	615	349.7	2013	718	557.52
2008	640	401.3			

（四）民办高等教育政策发展的调整阶段

　　民办高校办学实践中的趋利逻辑和法律政策的非营利性要求并不完全一致。导致这一问题的原因，是关于民办高校不能以营利为目的的法律政策规定，否定或者不认同获得利益是投资的一个重要目的这一市场驱动理论。教育比较发达的美国，同时存在公立大学、私立非营利性大学和私立营利性大学，并由市场机制决定营利性大学的发展，鼓励社会对高等教育进行投资。除此之外，民办高等教育发展中还存在两个比较严重的问题急需解决：一是投资不均衡，这由投资的逐利性导致，也是市场规律的体现。主要表现为民办高等教育投资依赖于地区的经济发展水平、地理位置的优越与否、交通是否便利、人口是否稠密等因素。因此，其区域化发展特征比较明显，具备这些条件的地方往往集中于我国东部沿海城市和中部大中城市，投资资金也向这些地方集中，在这些地方办学可以有较大的招生规模，最大限度地实现投资回报率，而对中西部地区及经济欠发达地区民办高校的投资则极为有限，例如 2011 年位于东部地区的福建省，民办高校中举办者投入达到 39 300 万元，而位于中部地区的黑龙江省和内蒙古自治区分别只有 417 万元和 150 万元，差距十分明显。二是教育投资经费来源渠道单一的问题仍然存在。民办高等教育发展之初走"以学养学"的道路，民办高校的投资主要依靠学费收入。经过几十年的发展，学费依然是民办高校投资的主要来源，民

---

① 教育部 2003—2013 年全国教育事业发展统计公报整理得出。

办高校投资结构不合理的障碍依然没有得到解决，捐赠收入、服务收入及政府资助等其他投资渠道的拓展没有重大突破，多元化的教育投资体制没有形成。不改革和创新民办高等教育的投资和管理，民办高等教育就难以持续健康地发展。

针对这种情况，政府部门对如何实现营利性与非营利性分开办学进行了针对性的调研和讨论，如广泛征求民办高校办学者和专家的意见、充分论证法理基础等。以此为基础，国务院法制办于 2013 年 9 月提出《教育法律一揽子修订草案（征求意见稿）》，公开征求社会意见，在意见稿中拟对《教育法》《高等教育法》《民办教育促进法》中与不以营利为目的的条款进行修订和完善，并在民办教育促进法第十八条中增加规定"民办学校可以自主选择，登记为非营利性或者营利性法人"。这些规定得以通过和实施，激发了我国社会力量投资民办高等教育的热情，使民办高等教育走向市场化，拓展了民办高等教育的发展空间。

（五）民办高等教育政策发展的规范阶段

2016 年 11 月 7 日，由第十二届全国人民代表大会常务委员会第二十四次会议第二次修正的《民办教育促进法》是我国民办教育法律政策的第三次重大突破，明确了对民办学校实施"分类管理"，这是我国在《教育法》《高等教育法》修订后，为民办教育法律修订带来的根本性改变，为民办教育的发展带来又一次飞跃，其中蕴含着我国教育制度顶层设计和民办教育法律理念的转变，这是对民办高校发展的进一步规范。

二、民办高等教育实践偏离政策要求的原因[1]

从上文的分析可以看出，从 1978 年到 2016 年，民办高等教育的实践总是偏离民办高等教育法律政策的要求，使得民办高等教育的实际政策诉求与有关法律政策的要求不相吻合或出现偏离。在法律政策无法有

---

[1] 秦惠民，杨程．我国民办高等教育投资政策的调试与嬗变［J］．清华大学教育研究，2015（2）．

效规范和调整民办高等教育发展的情况下，必然会在实践中导致民办高等教育发展的一系列问题，如民办高校在投资过程中投资资金短缺、资金来源渠道单一、资金使用效率低下、民间资本对民办高等教育投资持观望态度等。这些问题严重影响了民办高校的持续快速发展，成为民办高校进一步发展的瓶颈。造成政策与实践发生偏离的原因主要是以下几个方面。

首先，国家财政性教育投资难以投入民办高等教育。对高等教育的投资主要分为财政性经费投资和非财政性经费投资两大类，其中财政性经费投资主要指各级政府的财政拨款，非财政性教育投资主要来源于社会团体办学经费、学费、捐赠等。1993年《中国教育改革和发展纲要》提出国家财政性教育经费占国内生产总值的比例为4%，但直到2012年才真正实现这一政策目标，导致我国财政性教育经费长期处于短缺状态，公办高等学校资金普遍不足，民办高等学校更是难以得到支持。民办高校只能利用非财政性经费，以受教育者个人投资和社会团体投资作为其经费的主要来源。

我国民办高等教育初始，限于当时的政治背景和经济条件，国家没有与民办高等教育投资相关的政策，财政性经费对于民办高等教育的支持更是不可能。民办高校只能依靠私人投资。其投资者大多资金短缺，开始以学费滚动的形式开办培训班和助学考试。国家既没有鼓励政策以推动对民办高等教育的投资，也没有限制个人和社会团体对民办高等教育投资的规定。在这种情况下，民办高校适应社会需求自生自灭式地缓慢发展。随着我国从计划经济向社会主义市场经济过渡，我国经济发展水平不断提高，国民生产总值及国民收入不断增加。但是，由于国家缺少对于民办高等教育投资的鼓励政策，使得大量民间资本对民办高校的投资持观望态度。2002年国家出台民办教育投资者可以获得"合理回报"的政策后，社会力量对民办高等教育的投资总量有了较大的增长，民办高校的数量大幅度提升，到2013年普通高等学校2 491所，其中民办高校718所，占比近30%，对民办高校的投资规模逐渐扩大，尤其是在资本市场影响力不断增加的情况下，民办高等教育投资的方式也更加多元，但依然缺少国家财政性经费对于民办高等教育的投入。其中的一个重要原因，是我国民办高等教育的趋利实际，国家的财政性经费不可能投入营利性的民办高等教育。

其次，没有准确把握民办高校的公益性与营利性。改革开放前，我国高度集中的计划经济体制中几乎不存在市场因素，同时在意识形态中以国家需求为主，不注重个人发展和需要，教育政策的目的主要是满足国家需要的公益性事业，不能以营利为目的。国家出台的教育政策法规也是基于这样的价值基础，即教育事业是支持国家经济和社会发展的公益事业，要以培养国家需要的人才为目的。因此，从民办教育诞生起，针对民办教育公益性与营利性的讨论，一直是影响民办教育发展的重要话题。

民办高校的主要投资来源是社会和个人的投资，其追求投资利益的要求符合理性经济人的假设。正是基于这个原因，民办高校投资办学的公益性总是受到很多人的质疑。但就教育的公益性而言，主要是由教育服务自身的性质和功能决定的，而并不取决于教育的营利与否。民办高等教育对于实现我国高等教育的大众化发挥了不可否认的作用，其取得的成果也是有目共睹的，不仅一定程度地满足了公民接受高等教育的强烈需求，提供了接受高等教育的一种机会选择，实现了一部分学生自身人力资本和自我发展能力的提升，而且也为经济发展和社会进步培养了人才，为实现社会的和谐稳定做出了贡献，从而具有广泛的社会公益性。因此，我们不能认定公立高校所提供的教育就是公益性的，而民办高校提供的教育就是非公益性的，教育的公益性不是由教育提供者的属性决定的，而是由教育的自身价值决定的。民办高校的营利行为受到社会的诟病，很大程度上是由于有关法律政策在此问题上的模棱两可造成的。毋庸讳言，当今中国的公办高校和民办高校实际上都有营利行为，而且由于公办高校在资源占有、社会影响力以及对学生的吸引力等方面具有传统优势，事实上为公办高校带来了巨大收益。有所区别的是，公办高校受到更多的监管和审查，而民办高校部分投资者在实际操作中更有可能通过"暗箱操作"中饱私囊，获得《民办教育促进法》规定的"合理回报"以外更多的非法收入，使得办学收益不能用于学校发展，导致债台高筑，甚至影响到学校教育质量的提升和学校秩序的稳定，引起社会公众对民办高校公益性的质疑。社会评价低和舆论不利的状况，也在很大程度上影响到民办高等教育投资的积极性。

此外，法律政策不具体与政府管理行为失范也有一定影响。原《民办教育促进法》规定"县级以上各级人民政府可以采取经费资助、出租、转让闲置的国有资产等措施对民办学校予以扶持"和"新建、扩建民办学校，人民政府应当按照公益事业用地及建设的有关规定给予优惠"；原《民办教育促进法实施条例》则授权省、自治区、直辖市人民政府可以根据实际情况，制定本地区促进民办教育发展的扶持与奖励措施。这些法律政策规定旨在提升地方政府投资民办高等教育的权限和积极性，因地制宜地确定适合本地区民办高等教育投资的方式，创造性地发展具有地方特色的民办高等教育。但在民办高等教育发展实践中，一方面由于政策不具体，导致人为操控的空间很大，给地方政府部门留下了"寻租的空间"；另一方面，政府权力运作的不规范以及腐败行为的存在导致的投资环境问题，使民办高校之间的竞争并不不公平，使得民办高等教育投资的实际情况并非按照政策规定的方向发展，出现投资实践与政策预期的错位现象。

第二节　核心概念——合理回报

修订后的《民办教育促进法》删除了民办学校可以取得合理回报的规定，提出了对民办学校进行分类管理改革。从合理回报到分类管理，蕴含着我国民办教育制度顶层设计和法律理念的转变，既是我国民办教育进行综合改革的焦点问题，也是需要解决的难点问题，牵一发而动全身。可以说，合理回报和分类管理是我国民办教育发展的核心概念，蕴含着我国民办教育法律理念和制度变迁，对合理回报和分类管理进行梳理分析，是研究民办高校发展不容回避的问题。

一、合理回报产生的历史背景及内涵

从法律制度层面看，民办学校的合理回报源于 2002 年颁布的《民办教育促进法》，第五十一条规定："民办学校在扣除办学成本、预留发展基金以及按照国家有关规定提取其他的必需的费用后，出资人可以从办学结余中取得合理回报。取得合理回报的具体办法由国务院规定"。从实践层面看，当时我国民办教育的发展绝大部分举办者并不是捐资办学，而是投资办学，是希望通过办学取得收益的。国家为了调动社会力量参与到民办学校建设发展中，需要对举办者予以一定的激励。但是在当时制定《民办教育促进法》时，对合理回报的规定争议很大。一些委员、政府部门、地方和专家提出，从现实国情考虑，规定某些民办学校的举办者取得合理回报是可以的，但是从制度上应当进一步理顺。一些委员、国务院法制办、国家税务总局等认为，合理回报不符合国家对教育实施优惠政策的初衷，会导致国家税收和土地政策的紊乱。[①]针对这种争议，为什么立法最终还是保留了这一规定？这就一定要理解合理回报的内涵以及当时民办教育发展的现实情况，可以说合理回报的规定是民办教育领域从理念到制度的一种新的尝试和创新。

1995 年的《教育法》和 1997 年的《社会力量办学条例》都明确规定了教育属于公益事业，不能以营利为目的，民办学校应定位于非营利性的公益组织，这就从法律政策层面上阻断了民办教育举办者通过办教育获取利益的途径。但在现实中却存在着民办学校的发展与政策法规目标不一致的差异现象，出现了许多民办学校实际上营利的问题。有的专家学者提出民办高校投资者的逐利行为并没有得到有效限制，大部分民办高校投资是谋求营利与回报的投资。由于民办高等教育的投入资金大部分来自商业性资本，其投资的主要目的是对经济利益的追求。一些民

---

① 民办教育立法讨论焦点：民办学校举办者能否取得合理回报 [N]. 中国教育报，2002-08-25.

办高校的营利目的和行为已经成为教育界"公开的秘密"。对于这种法律与实践的矛盾，不能采取强制性的惩治手段，而是要将这种长期存在的办学实践更加规范化、合法化。要知道《民办教育促进法》本质不是为了限制社会力量兴办民办学校，而是要鼓励和支持民办学校的发展。在不违背《教育法》的前提下，又能激励民办教育举办者，只能采取一种相对折中的方案。而且将合理回报的内容放在了"扶持与奖励"一章，一方面是为了与上位法《教育法》所规定的"教育不得以营利为目的"的基本原则保持一致，另一方面也是对《社会力量办学条例》规定"对在社会力量办学中做出突出贡献的组织和个人，给予奖励"的延续，这样才能激发人们投身教育事业的热情，并且能更好地提供公共服务，这也是立法者设计合理回报这一制度的重要原因。

　　这里需要澄清一个问题，针对《民办教育促进法》第五十一条中"取得合理回报的具体办法由国务院规定"的条款，很多人包括很多专家学者在内，认为国务院并没有针对这个问题作出具体规定。实际上，在国务院颁布的《民办教育促进法实施条例》中第四十四条到第四十七条给出了获得合理回报的条件以及不能获得合理回报的限制性条件等内容。第四十四条规定了获得合理回报的时间以及来源。第四十五条进一步明确了获得回报的比例，具体规定为："民办学校应当根据下列因素确定本校出资人从办学结余中取得回报的比例：（一）收取费用的项目和标准；（二）用于教育教学活动和改善办学条件的支出占收取费用的比例；（三）办学水平和教育质量。与同级同类其他民办学校相比较，收取费用高、用于教育教学活动和改善办学条件的支出占收取费用的比例低，并且办学水平和教育质量低的民办学校，其出资人从办学结余中取得回报的比例不得高于同级同类其他民办学校。"同时，第四十六条还要求民办学校要向社会公布其相关材料和财务状况，并要求自决定作出之日起 15 日内报审批机关备案。在取得合理回报的限制性规定中，《民办教育促进法》明确了虚假招生宣传、擅自增加收取费用的项目、教育教学质量低下、产生恶劣社会影响等情况不可以取得合理回报。

二、从合理回报到分类管理的影响因素

随着形势的变化，民办教育在发展过程中出现了一些新情况、新问题，合理回报的规定已经不适应民办教育发展的需要，而且在运行过程中产生了许多不可调和的矛盾，有些具体获得合理回报的管理办法并没有出台。

从合理回报到分类管理的影响因素主要体现在以下方面。

一是涉及民办教育的法律法规与实践存在着不协调之处。《民办教育促进法》及《民办教育促进法实施条例》与其他政府规范性文件在某些地方并不完全一致，配套的相关政策迟迟不能出台，导致操作性不强。比如，《民办教育促进法》规定："民办教育事业属于公益性事业，是社会主义教育事业的组成部分""民办学校与公办学校具有同等的法律地位，国家保障民办学校的办学自主权"。但是，民办学校在民政部门注册时，被定性为"民办非企业单位"，导致民办学校与公办学校的同等法律地位无法体现。同时，虽然规定举办者可以从办学结余中取得合理回报，但是并没有明确合理回报的具体比例，而且对民办学校终止时剩余财产如何处理的问题规定得也不够清晰，仅规定"按照有关法律、行政法规处理"。此外，随着民办学校办学实践的不断调整，出现了一些诸如VIE架构、关联交易等新情况、新问题，现有的民办教育法律政策并不能对这些问题进行规范，导致民办教育发展中出现了一些难点问题，如果继续采取合理回报的形式，不仅增加了政府部门监管的难度，也增加了民办学校办学风险和安全隐患。

二是民办学校法人属性和财产权益归属不清。要求取得合理回报的民办学校性质与不要求取得合理回报的民办学校一样，都作为民办非企业单位，法人属性界定不清晰。而且作为民办非企业单位，财政部《民间非营利组织会计制度》规定："该组织不以营利为目的和宗旨；资源提供者向该组织投入资源并不得以取得经济回报为目的；资源提供者不享有该组织的所有权。"这就要求民办学校举办者不因为出资而享有民

办学校的所有权，而且收支结余不能向举办者分配。同时按照法律规定，要全面落实民办学校的法人财产权，将举办者投入的资产过户到学校法人名下，在这种财产权益归属不清的背景下，举办者对自己投入学校资产的安全问题是心存忌惮的。这在某种程度上将举办者视作了"慈善家"，忽视了我国民办教育举办者投资办学的基本特征，导致了政策手段与政策目标的背离，民办学校办学中出现了大量不规范的做法，而且在合理回报的框架下短时间内难以消除。

三是对民办学校的监管难以落实。《民办教育促进法实施条例》第十四条第六款规定民办学校的章程应当规定"出资人是否要求取得合理回报"，明确了由举办者自行选择是否取得合理回报。结合十多年的发展来看，大多数民办学校在换发新的办学许可证中，都选择了"不要求合理回报"。这是因为出资人担心要求取得经济回报会被"打入另册"，受到歧视，结果不仅享受不到政府的优惠政策，还会被外界误认为是营利性学校，因此大多数本想要求回报的民办学校举办者，在学校章程和办学许可登记上，都违心地选择了"不要合理回报"。[①]实际上无论是要求合理回报还是不要求合理回报的举办者，都已经通过各种各样的途径取得了回报，其中最为普遍的就是关联交易，通过财务手段获得了利润，导致了政府部门的监管难以落实。有的专家学者将民办学校中关联交易的具体样态概括为以下八大方面：民办学校与关联方之间的固定资产租赁行为；民办学校与关联方之间的商品（服务）购买与销售行为；民办学校与关联方之间的资金借贷行为；民办学校与关联方之间的劳务购买行为；民办学校与关联方之间的代理、协议及许可行为；民办学校与关联方之间的局部资源使用行为；民办学校与关联方之间的担保及抵押行为；民办学校与关联方之间的其他成本调节行为。[②]这种关联交易已经成为一种事实性的存在，依据原有的法律法规政府部门很难发挥监管的最大力度，需要对法律法规进行调整，从而对这种现象加以规范。

---

① 陶西平，王佐书. 中国民办教育 [M]. 北京：教育科学出版社，2010.

② 董圣足. 民办学校"关联交易"的规制与自治 [J]. 复旦教育论坛，2018（4）.

四是制约了民办学校的进一步发展。在实施分类管理改革以前，只允许取得合理回报，而不允许举办营利性民办学校，只能走非营利这一种单一的发展模式。然而，实践中却出现了"非营利性学校"撑起上市公司的情况。很多在美股、港股上市的教育公司利用VIE架构以非营利性之名、行营利性之实，提取了很高比例的利润。这一控制架构通常在国内成立一家外商独资公司，通过与学校签订独家合同，提供咨询服务、教材输出等方式，以"协议控制"的方式控制实际的学校主体，从而将原本不能用于分红的学校收入，转化成为上市公司的利润。但是，VIE架构具有复杂性、隐蔽性等特点，合理回报的制度规定不仅不能对这种架构作出规范性管理，而且已经限制了民办教育的进一步发展，造成了办学风险日益增大。比如，2018年8月10日，《中华人民共和国民办教育促进法实施条例（修订草案）（送审稿）》公布后，造成了在港股飘红数月的"民办教育股"集体大跌。这一文件被资本市场解读为巨大的利空消息，开盘后，港股上的民办教育股集体暴跌超30%。同样，利空消息蔓延到了美国，当天美股中国教育公司盘前股价最高下跌25%。对此，需要破除国内立法滞后和监管制度缺失等影响，实施营利性与非营利性民办学校分类管理，健全监管制度，完善融资环境，多管齐下推动民办教育在新环境下的发展。

第三节　核心概念——分类管理

一、分类管理法律依据和制度的变迁

为了解决这些年民办教育发展中暴露出来的问题，《国家中长期教育改革和发展规划纲要（2010—2020年）》中明确提出"积极探索营利性和非营利性民办学校分类管理"，这是对民办教育管理的突破性进展。随后，按照党中央国务院的定位，教育部开启了《民办教育促进法》的修订工作，至今已经完成了两次修订工作。第一次修订是在2013年6月，主要是贯彻行政审批制度改革的要求，删除了第二十三条中民办学校聘任校长需要报审批机关核准的规定。而后开展了第二次修订，国务院法制办通过征求有关部门、地方政府、行业协会以及部分学校和老师的意见，并于2013年9月就《教育法律一揽子修订草案（征求意见稿）》向社会公开征求意见。需要注意的是，之所以采取一揽子修订的形式，就是要扫除《教育法》《高等教育法》《民办教育促进法》三部法律中存在的涉及民办教育分类改革的法律障碍，保持三部法律之间的协调统一。2015年12月，全国人大常委会第十八次会议对三部法律进行了审议，表决通过了对《教育法》和《高等教育法》的修改决定。针对民办教育分类管理《教育法》中涉及的条款主要是将第二十五条改为第二十六条，将第三款改为第四款，将"任何组织和个人不得以营利为目的举办学校及其他教育机构"修改为"以财政性经费、捐赠资产举办或者参与举办的学校及其他教育机构不得设立为营利性组织"；《高等教育法》中将第二十四条"设立高等学校，应当符合国家高等教育发展规划，符合国家利益和社会公共利益，不得以营利为目的"修改为"设立高等学校，应当符合国家高等教育发展规划，符合国家利益和社会公共利益"，删除了"不得以营利为目的"，实现了与民办高等学校的对接。但是与会人员认为民办学校分类管理改革涉及的一些问题比较重大，仍需继续深入研究，所以此次会议没有对《民办教育促进法》进行表决。

为了提出更为积极稳妥的解决方案，更好地解决民办学校分类管理涉及的各种问题，全国人大常委会法制工作委员会又一次征求社会公众意见，共收到321位网民的1 448条意见和9封群众来信。[①]综合各方意见，经过反复研究、协调、修改，提出了关于修改《民办教育促进法》的决定（草案），于2016年10月31日提请审议，并最终顺利获得通过。12月29日，国务院发布了《国务院关于鼓励社会力量兴办教育促进民办教育健康发展的若干意见》，全面部署了民办教育改革发展的各项政策措施。12月30日，教育部等部门联合颁布《民办学校分类登记实施细则》及《营利性民办学校监督管理实施细则》，进一步规范营利性和

---

① 袁曙宏，李晓红，许安标.《中华人民共和国民办教育促进法》释义［M］.北京：中国民主法制出版社，2017.

非营利性民办学校的办学行为。2017 年 9 月 1 日，修订后的《民办教育促进法》正式施行，地方也陆续颁布了配套政策。

2018 年 8 月 10 日，公开征求意见的《民办教育促进法实施条例（修订草案）（送审稿）》，作为贯彻落实新《民办教育促进法》的国务院行政法规，对修订后的《民办教育促进法》中未尽事宜进行补充细化，一经公布同样引起了社会的广泛关注和热烈讨论。

二、分类管理产生的制度影响和民办教育发展空间

从此次分类管理相关法律法规修订的过程中可以发现，为了解决民办学校分类管理中的问题，立法机关广泛听取了各方面的意见，体现了科学立法、民主立法的原则，最终推动了修订后的《民办教育促进法》的出台，为促进民办学校分类管理提供了法律保障，对完善民办教育法制环境、民办学校的长远发展必将产生深远的影响。

（一）有利于民办教育长远稳定的发展

修订后的《民办教育促进法》在原有的基础上修改了 16 条，关于删除民办学校可以取得合理回报和实施分类管理的规定是关注度最高的，也是争议最多的。修订后的《民办教育促进法》之所以删除合理回报，主要是从长远发展的角度考虑，只有分类管理才能促进民办教育事业的发展壮大。有学者研究表明，实施营利性和非营利性民办学校分类改革的导向明晰，我国民办教育改革夯基垒台、立柱架梁的顶层框架基本完成，对助推实现教育现代化、吸引社会资本进入教育、促进民办学校健康发展具有重要影响。[①]通过厘清两类学校的性质和相应的管理制度，营利性民办学校作为营利性的公司法人，而非营利性民办学校作为非营利性法人。除了义务教育外，营利性民办学校均可以进入，从而为从事学前教育、职业教育、普通高中教育、高等教育的民办学校开辟了新的发展途径。这样更适应当前社会发展的主流趋势，能够

---

① 周海涛，景安磊，刘永林. 助力支持和规范民办教育发展 [J]. 教育研究，2017（12）.

进一步增加教育供给，从而各行其道、各得其所，民办教育发展的空间将更为广阔。

（二）有利于促进非营利性学校进一步发展壮大

修订后的《民办教育促进法》体现出的一个重要法律理念就是分类管理后，对营利性和非营利性民办学校采取差别化的扶持措施。通过分类管理，实现非营利性民办学校享受与公办学校同等的扶持政策，扫清财政资金进入非营利性民办学校的制度障碍，促使"公办财政"的旧有观念向"公共财政"的新理念转变，同时也不会因为制度漏洞而导致国有资产流失，从而为非营利性民办学校的发展提供强大动力。分类管理后，政府将在财政政策、税收政策、土地政策等方面对非营利性民办学校采取更有力、更精准的扶持措施，主要体现在修订后的《民办教育促进法》的第四十六条、第四十七条和第五十一条。其中，第四十六条是关于财政方面的扶持政策，对于营利性民办学校，县级以上各级人民政府只能采取购买服务、助学贷款、奖助学金和出租、转让闲置的国有资产等措施予以扶持，而对非营利性民办学校，除了对营利性民办学校采取的扶持措施外，还可以采取政府补贴、基金奖励、捐资激励等扶持措施；第四十七条是关于税收方面的扶持政策，营利性与非营利性民办学校都享受国家规定的税收优惠政策，但是非营利性民办学校可以享受与公办学校同等的税收优惠政策；第五十一条是关于土地方面的扶持政策，规定了新建、扩建非营利性民办学校，人民政府应当按照与公办学校同等原则予以支持。这就意味着在用地政策方面，无论对于公办还是非营利的民办学校都采取一视同仁、同等政策的原则，而对于营利性民办学校原则上应当采取招标拍卖挂牌方式或者租赁等有偿方式获得土地。可以发现，对营利性和非营利性两类不同性质的民办学校，差别化的扶持政策十分明显，对非营利性民办学校扶持措施的手段大大增加。这些规定，对非营利性民办学校的长远稳定发展是一个重大的利好。

（三）有利于推动营利性学校按照市场规律办学

合理回报在法律上是一个相对难以落实的概念，不能以营利为目的的办学属性让民办学校的资本运作缺少法律上的支持。而分类管理后，按照修订后的《民办教育促进法》中的规定，"营利性民办学校的举办者可以取得办学收益，学校的办学结余依照公司法等有关法律、行政法规的规定处理"。这意味着民办学校举办者可以享有剩余索取权及剩余控制权，不仅为透明化的资本运作带来了"合法身份"，而且大量的社会资金进入民办教育领域，举办者的目标更多地锁定在投资的回报上。营利性民办学校虽然短时间内有可能会面临办学成本攀升、竞争力下降等情况。但是，通过市场化改革，按照市场规律办学，根据办学成本、市场需求等因素确定学费标准，利用资本市场更好地调试自身发展定位，会给营利性民办学校带来新的机遇和选择。同时，《民办教育促进法实施条例（修订草案）（送审稿）》中给民办学校发展带来一大利好，认可了民办学校与利益关联方交易的合法性，从规范的角度对于关联交易提出了明确具体要求，为营利性民办学校市场化发展提供了法律支撑。

（四）有利于促进民办学校多元化发展

当前我国教育的主要矛盾已经发生变化，我们提供的教育服务主要是基于学校的、标准化的、班级的、供给驱动的方式，而人们更多的是期待能够接受灵活的、优质的、个性化的、终生的教育。新的教育体系的目标导向，应当是为每个学习者提供适合的个性化教育，以多样化教育资源和多元化教育提供方式为基础，促进和保障每个受教育者个性和潜能的充分发展。[①]在这方面民办教育可以发挥重要作用。我国最初的民办教育是对公办教育的重要补充，但随着办学质量的提高，办学规模的不断扩大，民办教育已经成为教育事业发展的重要增长点和促进教育改革的重要力量。尤其是关于民办学校分类管理的规定，无疑是对我国

① 王大泉. 践行"新四化"推进教育体系整体创新［J］. 国家教育行政学院学报，2017（9）.

以往民办教育办学法律法规的一次重大突破，也是对我国以往办学理念的重大突破，切实提高民办学校的办学质量是未来发展的立校之本。分类管理改革本身涉及理论探索、制度设计、法律修订、环境优化等诸多因素，作为民办高校的举办者和办学者，不论选择营利还是非营利性办学，促进学校发展永远是第一位的。[①]民办教育可以在提供多样化的学前教育、优质的义务教育、国际化特色的高中、应用型职业院校以及高水平大学等方面发挥更加充分的作用。比如，2018 年 2 月 14 日，由教育部正式批复同意设立的西湖大学，为非营利性民办高校的多元化发展提供了新思路。

[①] 黄藤. 从办学实践谈民办高校分类管理 [J]. 教育经济评论，2016（2）.

第三章　分类管理的同等法律地位与差别化扶持政策

　　在之前的章节中，我们分析了在以分类管理为核心的新法新政实施之际，民办学校选择营利性抑或非营利性的道路尚不明确，很多学校仍处于徘徊犹豫之中。尽管《民办教育促进法》和《国务院关于鼓励社会力量兴办教育促进民办教育健康发展的若干意见》对政府财政政策、土地政策、税收政策等都提出了原则性要求，但规定过于宽泛模糊。而且，除了税收政策的权限在中央以外，其余财政政策、土地政策、补偿奖励等各个方面的政策从制定到实施再到检查都必须由地方来落实，需要地方大胆创新勇于实践。对于民办高校举办者而言，担心投入学校的财产权、最终收益权和管理权削弱受损，都在观望、评估扶持政策的价值和力度，对于选择营利性或者非营利性陷入两难抉择。

　　造成分类管理政策执行受阻，举办者犹豫不定的因素很多，但是最为关键的两个点分别是"同等法律地位"与"差别化扶持"政策的具体实施方案尚不明确。在某种意义上，分类管理改革的成效很大程度上取决于民办高校同等的法律地位能够在多大程度上予以落实，以及差别化扶持政策中的"差别"究竟有多大。本书将遵循上述思路，对公办高校、非营利性民办高校以及营利性民办高校的同等法律地位与差别化扶持政策进行比对分析，以期为民办高校分类管理政策执行提供初步思路和建议。

第一节　同等法律地位与差别化
扶持政策内涵及比较

一、同等法律地位与差别化扶持政策的基本内涵

《民办教育促进法》第五条规定："民办学校与公办学校具有同等的法律地位，国家保障民办学校的办学自主权。"所谓"法律地位"，《牛津法律大辞典》认为它是"法律人格的属性之一，特指一个人在法律上所居的地位，该种地位决定其在特定情况下的权利和义务"。[①]《法学大辞典》认为它是"法律关系主体的权利和义务的实际关系状态"。[②]因此，同等法律地位是不同法律关系主体享有同等的权利和履行义务的实际关系状态。[③]民办高校同等法律地位可以理解为民办高校享有与公办学校同等的权利，同时要履行同样的义务，其中既包括非营利性民办高校，也包括营利性民办高校，而且这种权利和义务关系不仅仅局限于《民办教育促进法》中所规定的内容。《民办教育促进法》第二条规定："本法未作规定的，依照教育法和其他有关教育法律执行。"因此，民办高校的权利和义务还应该包括《教育法》《高等教育法》等其他教育法律法规所规定的内容。

但我们要知道"同等"并不等于"同样"，即同等的享有权利并不意味着享有相同的权利。这主要是因为民办高校与公办高校的主体不同，所以享有的权利也不一样。例如，每个人都享有受高等教育的权利，但并非每个人都能享受高等教育的权利，只有通过考核的主体才能享受

---

① 戴维・M・沃克. 牛津法律大辞典 [A]. 北京：光明日报出版社，1988.

② 邹瑜，顾明. 法学大辞典 [A]. 北京：中国政法大学出版社，1991.

③ 王波，程福蒙. 民办学校教师同等法律地位问题分析 [J]. 教育发展研究，2006（6）.

高等教育。所以，为了同时推动不同主体的良好发展，产生了民办高校与公办高校差别化扶持的政策。《国务院关于鼓励社会力量兴办教育促进民办教育健康发展的若干意见》规定："实行非营利性和营利性分类管理，实施差别化扶持政策，积极引导社会力量举办非营利性民办学校。坚持教育的公益属性，无论是非营利性民办学校还是营利性民办学校都要始终把社会效益放在首位。"据此，我国教育差别化扶持政策不仅仅体现在公办高校和民办高校之间，而且体现在非营利性民办高校和营利性民办高校之间。在分类管理过渡期，差别化扶持政策是民办高校关注的焦点。这是考验政府制定政策智慧的时候，若政策力度不够，措施不力，将会不利于改革的平稳推进。相反，受到认可的差别化扶持政策既能调动民办高校参与分类管理改革的积极性，又能促进整个民办高校的健康发展。

二、同等法律地位与差别化扶持政策的比较

如表 3-1 所示，非营利性和营利性民办高校在办学自主权、设置标准、教师待遇、受教育者权益、用水用电等方面享有同等法律地位。具体而言，《民办教育促进法》第三十二条和第三十四条分别规定："民办学校教职工在业务培训、职务聘任、教龄和工龄计算、表彰奖励、社会活动等方面依法享有与公办学校教职工同等权利。""民办学校的受教育者在升学、就业、社会优待以及参加先进评选等方面享有与同级同类公办学校的受教育者同等权利。"《国务院关于鼓励社会力量兴办教育促进民办教育健康发展的若干意见》还规定了民办学校用电、用水、用气、用热等方面与公办学校的同等法律地位。

表 3-1　公办学校与民办学校同等法律地位与差别化扶持政策的对比

比较内容	公办高校	民办高校	
		非营利性	营利性
同等法律地位	国家保障民办学校的办学自主权；民办学校的设置标准参照同级同类公办学校的设置标准执行；民办学校的教师、受教育者与公办学校的教师、受教育者具有同等的法律地位；民办学校用电、用水、用气、用热，执行与公办学校相同的价格政策		

比较内容		公办高校	民办高校	
			非营利性	营利性
差别化扶持	财政政策	国家建立以财政拨款为主、其他多种渠道筹措教育经费为辅的体制，逐步增加对教育的投入，保证国家举办的学校教育经费的稳定来源	除了享有营利性民办学校的政策外，还可以采取政府补贴、基金奖励、捐资激励等扶持措施	县级以上各级人民政府可以采取购买服务、助学贷款、奖助学金和出租、转让闲置的国有资产等措施对民办学校予以扶持
	税收政策	按照税收方面的相关法律以及财政部、国家税务总局指定的具体规定，给予税收优惠	享受与公办学校同等的税收优惠政策	民办学校享受国家规定的税收优惠政策
	土地政策	人民政府统筹安排学校的基本建设用地及所需物资，按照国家有关规定实行优先、优惠政策	人民政府应当按照与公办学校同等原则，以划拨等方式给予用地优惠	人民政府应当按国家规定供给土地
	收费标准	遵照国家有关规定收取费用并公开收费项目	根据办学成本、市场需求等因素确定，由省、自治区、直辖市人民政府制定	实行市场调节，由学校自主决定
	办学结余	主要靠国家财政拨款进行办学，按预算支出科目进行，按照专款专用的原则使用	学校的举办者不得取得办学收益，学校的办学结余全部用于办学。但是在办学终止时综合各种情况，可以获得相应的补偿或奖励	举办者可以取得办学收益，学校的办学结余依照公司法等有关法律、行政法规的规定处理

同时，《民办教育促进法》和《国务院关于鼓励社会力量兴办教育促进民办教育健康发展的若干意见》奠定了非营利性及营利性民办高校差别化扶持的政策基调，建立了差别化政策扶持框架，主要体现在财政政策、税收政策、土地政策、收费标准、办学结余等方面。财政政策方面，公办高校按照《预算法》《教育法》的规定建立以财政拨款为主、其他多种渠道筹措教育经费为辅的体制。对民办高校而言，不论是营利性民办学校还是非营利民办高校都享有购买服务、助学贷款、奖助学金

和出租、转让闲置的国有资产等扶持措施。除此之外，给予了非营利性民办高校特别扶持措施，包括政府补贴、基金奖励、捐资激励等，体现了差别化的扶持政策导向。税收政策方面，公办高校按照税收方面的相关法律以及财政部、国家税务总局指定的具体规定，如《关于教育税收政策方面的通知》等，基于税收法定、税收政策统一的原则，给予税收优惠。民办高校从整体上而言都享受国家的税收优惠，但是对非营利性民办学校支持力度更大，与公办学校同等享有 2004 年《财政部、国家税务总局关于教育税收政策的通知》中规定的增值税、营业税、企业所得税、个人所得税、房产税、城镇土地使用税、印花税、耕地占用税、契税、农业税、农业特产税和关税 12 个税种的减免。①土地政策方面，使用者取得国有土地使用权的法律途径主要为出让、划拨、转让等三种方式。其中划拨土地使用权是经国家批准无偿的、无年限制的使用国有土地，不需要使用者出钱购买土地使用权，而出让及转让通常需要支付一定的费用。非营利性民办高校按照与公办学校同等法律地位的原则，以划拨等方式获得用地优惠，营利性民办高校主要以出让的方式获得。在收费方面，公办高校的收费标准按照国家规定收取。非营利性民办高校通过市场化改革、根据市场需求等因素，由省级人民政府确定。营利性民办高校收费实行市场调节，具体收费标准由民办高校自主确定。办学结余方面，公办高校采取预算制，按照专款专用的原则使用。对民办高校而言，这是分类管理的核心内容，选择非营利性民办学校则意味着选择捐资办学，举办者不得取得办学收益，办学结余全部用于办学，但是在办学终止时综合考虑各种情况，可以获得相应的补偿或者奖励。营利性民办高校属于公司，与非营利性民办高校相比，营利性民办高校的举办者可以在年度结算后分配利润，这也是营利性民办高校与非营利性民办高校差别化扶持的最根本原因。

---

① 袁曙宏，李晓红，许安标.《中华人民共和国民办教育促进法》释义 [M]. 北京：中国民主法制出版社，2017.

第二节　构建同等法律地位与差别化扶持政策的原因分析

实行非营利性与营利性民办学校分类管理是党中央确定的重大改革方向，是深化教育领域综合改革、构建公办民办教育共同发展办学格局的重要举措。但这并不是一个简单自然过渡的过程，而是涉及很多重大利益的调整，面临很多尖锐的问题。通过确保民办教育与公办教育具有同等法律地位的同时，制定差别化扶持措施，更好地规范和支持民办教育持续、健康、协调、稳定的发展。

一、为什么要强调同等法律地位

1. 原有相关政策法规并没有很好地落实。

教育是公益性事业，无论是公办教育还是民办教育，都是我国教育事业的重要组成部分，都承担着培养社会主义事业建设者和接班人的重要任务。修订后的《民办教育促进法》关于同等法律地位的规定，实际上与修订前的《民办教育促进法》中的这项条款，在文字表述上并没有作出更改，但是我们期望并可以肯定修法前后关于同等法律地位所蕴含的深层含义将有本质的差别。因为以"合理回报"为原则的政策法规，由于民办高校的身份性质和财产权益不清等问题，导致了设立专项资金、税收优惠、经费资助、土地支持、奖励扶持等政策并没有很好地落实。民办高校不仅没有获得与公办学校同等的法律地位，而且由此产生的不公平竞争甚至加重了民办高校的生存危机，严重制约了民办高校的发展。此次，关于分类管理改革新法新政的本意并不是限制社会力量兴办民办学校的权利，而是通过允许举办营利性民办高校理顺相应法律关系，进一步加大政府对非营利性民办高校的扶持力度。因此，在分类管理改革实施后，要切实保障民办高校享有与公办高校同等的法律地位，享受应有的政策扶持，享受同等的权利。

2. 民办高校缺乏与公办高校竞争的公平环境。

公平是竞争的起点，但是民办高校与公办高校在发展中存在不公平，加重了民办高校的生存危机。不公平的表现在于地方保护主义、经费投入、公办高校资源垄断等不符合公平竞争原则的现象依然存在。有学者将此归纳为五个方面，一是教育"玻璃门"限制社会资金进入；二是招生计划、改革试点等难以享受同等待遇；三是财政资助、科研项目和评奖规则不对等；四是教师权益保障不平等；五是税收政策不配套不协调。[①]所以，要破除这种法律上同等但事实上不同等的情况，为民办教育健康发展营造一视同仁的公平环境。那么，会不会产生非营利性和营利性民办高校不按照教育规律办学，继续以"非营利"之名行"营利"之实，导致对公办高校不公平的情况呢？《国务院关于鼓励社会力量兴办教育促进民办教育健康发展的若干意见》对此作了专门的规定，特别强调无论是非营利性民办学校还是营利性民办学校都要始终把社会效益放在首位，如果不按照相关政策法规办学，可以终止其办学，对于违反教育法、教师法等规定的，还要给予处罚，构成犯罪的，还要依法追究刑事责任。所以，同等法律地位既要使非营利性和营利性民办高校享有与公办高校同等的权利，还要承担应有的义务，维护公办高校与民办高校公平有序竞争的环境。

二、为什么要采取差别化扶持政策

1. 更好地应对办学过程中出现的新情况新问题。

随着民办学校办学实践的不断调整，教育行业的产业化发展与资本市场紧密融合，出现一些诸如 VIE 架构、关联交易等新情况、新问题。原有的民办教育法律政策并不能对这些问题进行规范，导致民办教育发展中出现了一些难点问题，需要对民办学校实施分类管理改革。同时，

---

① 周海涛. 清除民办教育参与公平竞争的阻碍［J］. 中国高等教育，2017（5）.

2017 年 10 月 1 日起施行的《民法总则》对我国过去的法人这类民事主体的规定作了较大的调整，将我国法人分为三类，即营利法人、非营利法人和特别法人。根据《民法总则》第七十六条的规定，营利法人，是指组织开展生产经营活动，取得利润并将其分配于股东等出资人作为投资收益而成立的组织。根据《民法总则》第八十七条的规定，"为公益目的或者其他非营利目的成立，不向出资人、设立人或者会员分配所取得利润的法人，为非营利法人"。结合《民办学校分类登记实施细则》，将营利性民办学校作为营利性的公司法人，而非营利性民办学校作为非营利性法人，真正厘清了公办高校、非营利性民办高校以及营利性民办高校的身份和属性，采取差别化的扶持政策，做到让政府的归政府，让捐赠的归捐赠，让市场的归市场，让营利的归营利，不因制度的漏洞而导致国有资产的流失，对我国教育事业的发展是一个极大的促进。

2. 有利于进一步拓展民办高校的发展空间。

分类管理改革实施以前，所有的民办高校只能选择非营利性发展模式，不允许举办营利性民办高校。这造成了一些民办高校管理混乱，学校的办学收入成为举办者的"小金库"，而真正用于教师发展、人才培养的经费并不多，严重损害了学校老师、受教育者的合法权益和教育教学质量，产生了一系列的矛盾。北大法宝网数据显示，2005—2016 年，关于民办学校涉诉纠纷案件高达 1 041 起，分别涉及合作协议、学费退还、工程款合同、教师劳动争议及学校担保与借贷等纠纷。[①]分类管理改革实施以后，对公办学校、非营利性民办学校、营利性民办学校实施差别化扶持，除了义务教育阶段外，均允许营利性民办学校的存在，从而为从事学前教育、普通高中教育、职业教育和高等教育的民办学校开辟了新的发展途径。特别是进一步加大政府在财政、税收、土地和办学自主权等方面对民办教育的扶持力度，扫清了财政性经费进入非营利性民办学校的制度性障碍，能够进一步推动非营利性民办高校的发展壮大。此后，公办高校、非营利性民办高校、营利性民办高校各行其道、

---

① 吴会会，薛二勇.《民办教育促进法》修订的政策过程研究 [J]. 教育发展研究，2018（13）.

各得其所，在这种机制下创新教育产品，增加教育供给，进一步拓展民办高校发展空间。

第三节　不同扶持政策背景下营利抑或非营利的路径选择

在同等法律地位与差别化扶持政策的背景下，不同教育阶段的民办学校将面临巨大的差异。从学前教育到高等教育，不同教育阶段的民办学校会作出怎样的选择也成为社会的热点问题，牵动着政府部门、民办教育举办者、民办教育全体师资以及学生最为敏感的神经。本节将对不同教育阶段的路径选择进行理论分析，并探讨影响民办学校进行营利抑或非营利选择的影响因素，力求推动民办学校在分类管理背景下作出更好的选择，推动我国民办教育事业的进一步发展。

一、不同扶持政策背景下不同教育阶段办学路径选择分析

按照《民办教育促进法》的规定，虽然从学前教育到高等教育，民办学校与公办学校具有同等的法律地位，但由于公办学校、非营利性民办学校和营利性民办学校办学主体、投资规模和学校治理方式都有很大的不同，所以对不同类型的学校选择差异化扶持政策。正是在差别化扶持政策的影响下，才会使民办教育举办者在营利性抑或非营利性路径选择上摇摆不定，很难作出抉择。可以预见如果选择非营利性民办学校，学校的发展将越来越趋向于公办学校，成为公办教育的重要补充力量；如果选择营利性民办学校，那么学校的市场化倾向将越来越明显，有望涌现一批提供多样化、差异化服务的民办学校。

（一）学前教育阶段民办学校的路径选择

随着"二孩"政策的放开，新的人口高峰到来，社会对幼儿教育需求不断扩大。2017 年，学前教育毛入园率达到 79.6%。全国共有幼儿园 25.50 万所，入园儿童 1 937.95 万人，在园儿童 4 600.14 万人，民办幼儿园 16.04 万所，入园儿童 999.32 万人，在园儿童 2 572.34 万人。民办园数量、入园儿童数量、在园儿童数量分别占全国总量的比率为 62.9%，51.57%，55.92%（如表 3-2 所示）。可以发现，民办园的数量已经超过全国总量的一半，在学前教育阶段发挥着重要作用。在分类管理的过渡期，"差别化扶持政策"对民办幼儿园选择营利性还是非营利性的影响十分关键。除了营利性与非营利性之外，普惠性与非普惠性也是民办幼儿园的另一重身份。2017 年，教育部、财政部等四部门联合印发了《关于实施第三期学前教育行动计划的意见》，正式启动实施 2017—2020 年第三期学前教育行动计划，并规定 2020 年普惠性幼儿园覆盖率达到 80% 左右。营利性与非营利性、普惠性与非普惠性是两个不同时间段提出的概念，这些概念交融在一起，为民办幼儿园的分类管理带来新的问题，比如最大的难题就是普惠性幼儿园能否选择成为营利性幼儿园？这会给举办者带来一定的压力，选择普惠性幼儿园有可能就不能营利，选择营利性幼儿园可能就不能享受优惠政策。目前，国家尚没有统一的规定，从当前有的省份出台的普惠性民办幼儿园管理细则来看，明确了营利性与普惠性不兼容的规定，只有选择登记为非营利性民办园，才可以申请成为普惠性民办园。鉴于此，各地方要进一步明确"同等法律地位"和"差别化扶持"政策的具体细节，才能实现学前教育分类管理的顺利过渡。

此外，2018 年 11 月中旬，中共中央国务院出台了《关于学前教育深化改革规范发展的若干意见》，按照规定，各省（自治区、直辖市）要在 2019 年 6 月底前制定民办园分类管理实施办法，明确分类管理政策，这无疑加快了民办幼儿园的分类登记进程。同时，该意见对营利性幼儿园也进行了种种限制，特别是营利性幼儿园不能单独或打包上市，也不允许上市公司投资和收购营利性幼儿园的资产，而且到 2020 年普惠性幼儿园人数占比不低于 80%，仅给高端园留下了 20% 的空间，这种规定无疑限制了更多的社会资本进入学前教育领域办学，选择通过举办营利性幼儿园实现上市的投资者也将大大减少，让学前教育逐渐回归理性。

表 3-2　2017 年不同阶段民办学校数量与全国总量比较[①]

比较内容	学校数量			入学人数			在学人数		
	全国总量/万所	民办数量/万所	民办占比/%	全国总量/万人	民办数量/万人	民办占比/%	全国总量/万人	民办数量/万人	民办占比/%
学前教育	25.50	16.04	62.9	1 937.95	999.32	51.57	4 600.14	2 572.34	55.92
义务教育	21.89	1.14	5.2	3 313.78	346.79	10.47	14 500	1 391.85	9.6
高中教育	2.46	0.51	20.73	1 382.49	190.09	13.75	3 970.99	503.59	12.68
高等教育	0.26	0.07	26.92	761.49	175.37	23.03	3 779	628.46	16.63

（二）义务教育阶段民办学校的路径选择

修订后的《民办教育促进法》明确规定了不得设立实施义务教育的营利性民办学校，意味着义务教育阶段的民办学校属性全部为非营利性，这是国家意志的体现，也是义务教育具有强制性的体现。2017 年，全国共有义务教育阶段学校 21.89 万所，招生 3 313.78 万人，在校生 1.45 亿人，民办义务教育阶段学校 1.14 万所，招生 346.79 万人，在校生 1 391.85 万人。民办义务教育阶段学校数量、招生数量、在校生数量分别占全国总量的比率为 5.2%、10.47%、9.6%（如表 3-2 所示）。虽然相对于学前教育、高中教育、高等教育而言，义务教育阶段占全国总量的比率较低，但是对于义务教育民办学校的举办者而言，分类管理改革后将失去对学校出资的财产所有权，并不得取得办学收益。因此，为了

---

① 2017 年全国教育事业发展统计公报.

最大限度地降低举办者的损失，提升举办者对义务教育阶段投资办学的积极性，各省、自治区、直辖市要按照修改《民办教育促进法》的决定中的规定，对学校"终止办学"时，要根据出资者的申请，综合考虑出资、取得合理回报的情况以及办学效益等因素，给予出资者相应的补偿或者奖励。此外，相比于"差别化扶持"政策，义务教育阶段应该更加强调非营利性民办学校要与公办学校享有"同等法律地位"，最为直接的就是对非营利性民办学校要参照公办学校生均经费的标准直接补贴，同时保障民办学校教职工享有与公办学校教职工的同等法律地位。

（三）高中教育阶段民办学校的路径选择

高中教育阶段分为普通高中和职业中学，2017 年，共有学校 2.46 万所，招生 1 382.49 万人，在校学生 3 970.99 万人。民办高中阶段学校 0.51 万所，招生 190.09 万人，在校学生 503.59 万人，民办高中教育阶段学校数量、招生数量、在校生数量分别占全国总量的比率为 20.73%、13.75%、12.68%（如表 3－2 所示）。对这两类民办学校而言，由于资源约束和政策限制，学校总体竞争力不如公办学校，所以，要在公共资源配置、师资队伍建设、产权明晰、招生收费等方面，有针对性地配套"差别化扶持"政策体系。对普通高中而言，实施特色和国际化的课程体系，可以提升学校的竞争力，比如广东各地已经创造出不少领先全国的促进民办教育的举措，国华纪念中学、广东碧桂园职业学院坚持纯公益办学，是非营利性办学的典范，探索了一条非营利性民办学校成功办学之路。[1]

中等职业教育整体上是民办教育中办学最艰难的群体，因为社会公众对中等职业教育的认可度本来就比较低，不愿意让孩子进入中等职业学校，如果选择为营利性民办职业学校，可以预测社会认可度有可能进一步降低，所以反复权衡的结果，分类管理改革可能使民办中等职业教育更倾向于选择非营利性民办学校。但是，也存在例外的情况，比如中国东方教育控股有限公司已经向港交所递交招股书。该公司成立于 1988

---

[1] 吴开华，邵允振，赵小平. 分类管理背景下广东民办教育地方性法规修订探析 [J]. 地方立法研究，2018（1）.

年，至 2018 年 8 月 31 日，已在内地 29 个省份及香港运营 139 所学校，通过 25 所学校提供职业中专学历。东方教育旗下有六大品牌：新东方烹饪教育、欧米奇西点西餐教育、新华电脑教育、华信智原 DT 人才培训基地、万通汽车教育、私人定制烹饪中心。据招股书中显示，该公司 139 所学校中，已经有 20 所学校选择登记为营利性学校。因此，政府部门要充分考虑民办中等职业学校的不同情况，制定更具有"差别化扶持"的政策，让职业学校享受更多元的扶持与发展机遇。

（四）高等教育阶段民办学校的路径选择

分类管理政策对民办高等教育影响相对较大，因为与其他各阶段民办教育相比，民办高校涉及的资产总额大，占地面积广，学生数量多。据统计，2017 年全国共有普通高等学校 2 631 所（含独立学院 265 所），招生 761.49 万人，各类高等教育在学总规模达到 3 779 万人。民办高校 747 所（含独立学院 265 所，成人高校 1 所），招生 175.37 万人，在校生 628.46 万人。民办高等教育阶段学校数量、招生数量、在校生数量分别占全国总量的比率为 26.92%、23.03%、16.63%（如表 3－2 所示）。民办高校举办者面临艰难的选择。如果选择非营利性民办高校，意味着要放弃这么多年滚动发展积累的巨额财产；如果选择营利性民办高校，将面临财政、税费、土地等尚未确定的"差别化扶持"政策。但可以预见的是，选择非营利性民办高校，会迎来学校发展的新机遇。比如，2018 年 8 月底，非营利性民办高校西湖大学迎来 120 名博士研究生，这是该校获得教育部正式批复以来招收的首届学生，作为国内第一所民办研究型大学，打破了民办高校起点较低的惯例，翻开了中国高等教育多元化的新篇章。虽然原有民办高校不一定获得与西湖大学一样的支持，但是相对于过去而言，由于非营利的属性会获得力度更大的扶持政策。而对于营利性民办高校而言，由于同属公益性办学，同样会获得政府的扶持，只是在方式方法、扶持力度等方面有所差别。此外，营利性高校将获得更为广阔的市场空间，可以充分利用资本市场的力量，创新筹融资模式，逐步实现学校办学资金来源多元化。目前，只有以更加明确的"差别化扶持"政策作为参考依据，才能更好地推动民办高校分类管理改革的顺利实施。

（五）培训机构的路径选择

修订后的《民办教育促进法》删除了原《民办教育促进法》第六十六条规定："在工商行政管理部门登记注册的经营性的民办培训机构的管理办法，由国务院另行规定。"这意味着教育培训机构以营利性民办教育的身份纳入《民办教育促进法》的管理规范中，获得了举办营利性民办教育的合法身份。2018年1月，教育部、人社部等五个部门联合发布的《民办学校分类登记实施细则》中指出，"新增民办教育机构需要先到教育或人社部门进行审批，获得办学许可证后方能到工商行政部门办理登记"。这种要求意味着教育培训机构要采用"先证后照"的办学途径，将教育部门的行政审批置于工商登记前，进一步提升了教育行业培训机构的准入门槛，规范了行业秩序。因此，对于教育培训机构而言，在营利的同时，一定要尽快取得办学资质，尤其是学科类辅导要做好前置审批，才能在分类管理背景下取得较好的发展空间。

二、营利抑或非营利路径选择的影响因素

随着营利性和非营利性的选择，民办学校将被分成两大阵营，两类民办学校将面临不同的发展机遇和挑战，在政策支持、政府监管、政策风险和市场风险等方面均存在显著差异（如表3-3所示）。分析民办学校举办者选择营利性还是非营利性的影响因素是推动分类管理改革的重要手段，这些因素有些是单方面就会引发作用，有些可能需要综合起来进行考虑。

表3-3 营利性学校与非营利性学校的办学差异比较

办学类型	营利性学校	非营利性学校
政策支持	倾向于按照企业进行管理	享受与公办学校类似支持
政府监管	依据市场规则监管	参照公办校进行监管
政策风险	政策不确定性较大	政策基本稳定

续表

办学类型	营利性学校	非营利性学校
举办者利益	可以取得办学收益	不得取得办学收益
学校控制权	举办者对学校控制较强	举办者对学校控制较弱
办学成本	依靠自身投入较大	政府财政支持力度大
办学自主权	政府限制减少	政府限制增多
市场风险	招生、学校声誉风险大	相对较小

（一）分类管理政策的科学性与可行性

公共政策的本质是运用权威对社会利益进行公正的协调，任何政策势必涉及利益的调整，那么必然会导致部分人的利益受损，这是不容争辩的客观存在的事实，所以政策的科学性与可行性将决定政策的具体贯彻落实情况。为了最大限度地实现目标群体对分类管理政策的认同与支持，推动民办学校进行营利抑或非营利的路径选择，立法机关按照科学立法、民主立法的原则，作了大量的调查研究，广泛听取各方面意见，并在关键节点公开征求公众意见。如 2013 年 9 月就《教育法律一揽子修订草案（征求意见稿）》向社会公开征求意见；2016 年 4 月就《民办教育促进法》又一次征求社会公众意见；2018 年 8 月就《民办教育促进法实施条例（修订草案）（送审稿）》公开征求意见等。这些调研为分类管理政策的科学性提供了坚实的基础保障。同时，政策的可行性是理想化政策的重要特征，如果政策可行性较差，那么民办学校很难作出营利性抑或非营利性办学的选择，导致政策执行的过程不顺利，很难达到政策预期的目标，甚至会出现偏离政策目标的情况。

自 2017 年 9 月 1 日修订后的《民办教育促进法》实施以来，笔者通过发放调查问卷、深入访谈等方式对民办教育相关者进行调查，发现近 85% 的被调查者目前无法就选择营利性还是非营利的问题给出明确的态度。其中，幼儿园选择营利性的偏多，部分高中也选择了营利性办学，如长沙市湖南师大第二附属中学有限公司、上市公司成实外教育集团所属高中等，高等教育阶段倾向于选择非营利性的民办高校，如信阳学院、齐齐哈尔工程学院等，倾向于选择营利性的民办高校，如西北工业大学明德学院、上海建桥学院等。但是，大多数被调查者表示目前政策仍然存在不清晰、不明朗的问题，正如表 3-3 所示，在政策风险方面，营利性学校政策不确定性相对较大，所以选择持观望态度。究其原因在于中央层面的政策多以宏观引导为主，将具体实操性的政策交由地方制定，以期达到因地制宜的效果。但是，目前地方在土地、财政等政策方面可行性相对较差，大部分民办学校都表示在过渡期结束前的最后一刻再作出最终选择，这表明民办学校分类管理依然缺乏更具体的政策支撑。

（二）分类管理"差别化扶持"政策的差别程度

《国务院关于鼓励社会力量兴办教育促进民办教育健康发展的若干意见》中规定："实行非营利性和营利性分类管理，实施差别化扶持政策，积极引导社会力量举办非营利性民办学校。"差别化扶持政策既能积极鼓励社会力量参与民办学校办学，也能推动分类管理政策尽快推行，是分类管理改革的关键，让政府的归政府，让捐赠的归捐赠，让市场的归市场，让营利的归营利。但由于现有的财政扶持政策和各项配套政策对两类民办学校的差异化扶持规定尚不够清晰，相当一部分民办学校在抉择过程中不免感到迷茫。[①]

根据表 3-3 分析，针对非营利性学校，享受与公办学校类似支持的政策，而营利性学校更倾向于按照企业进行管理，但是具体的管理政策并不明朗。在这种"差别化扶持"政策还不健全的背景下，举办者担心一旦选择营利性民办学校，那么将面临补交相关税款、补交土地转让费、减少学校招生指标等风险，这将导致民办学校难以为继。因此，需要尽快在现有基础上出台民办教育"差别化扶持"政策，不能等到学校作出选择后再出台具体的政策，要提前明确非营利性民办学校和营利性民办学校差别扶持的程度，正确引导民办学校选择适当的办学类型。

---

① 王纾然，何鹏程. 分类管理背景下民办教育财政扶持政策的转向 [J]. 教育发展研究，2018（7）.

（三）民办学校举办者的理性选择

根据"经济人"假设理论，在市场经济中的人都是以追求个人经济利益为主要目的，一个有理性的"经济人"必定追求个人效用的最大化。这种理性化的"经济人"同样决定了分类管理政策目标的达成。分类管理改革前，主要有三种观点：第一种是赞同论，认为分类管理可以扫清当前民办教育发展的制度障碍；第二种是暂不支持论，认为进行分类管理的时机还不成熟，各项政策法规还不健全，不能盲目地实施改革；第三种是中间道路论，这种观点建议在保留"合理回报"的前提下，对民办学校进行分类管理，正如温州的试点一样，将捐资办学、出资办学并提取"合理回报"的民办学校，都作为非营利性学校进行登记，而将直接分配利润的作为营利性学校进行登记。民办学校举办者往往比较支持第二种和第三种观点，主要有三个方面的原因：一是在"合理回报"的政策下，民办学校无论是要求合理回报还是不要求合理回报，都已经通过各种各样的途径取得了回报，获得了利润；二是我国大多数民办学校举办者虽然在办学过程中对学校产生了感情，并以教育家的情怀办学，但是如果选择了非营利性民办学校意味着捐资办学，举办者对此仍是心存疑虑的，担心失去对学校的控制权；三是如果选择了营利性民办学校可能会面对很多不确定的风险，如生源减少、税费过高等问题，增加了办学的难度。但是，从长远角度出发，我们的举办者不能纠结于过去的办学模式，从理论上没必要再继续争论，而是要充分考虑表 3-3 中提到的举办者利益、学校控制权、办学自主权等问题，回归办学初衷，思考最初为什么会出资举办学校，是为了致敬自己的教育情结，还是为了改变中国教育现状，抑或为了获得投资效益，在营利性抑或非营利性的路径上作出合理选择。

（四）民办学校办学的实际情况

除了政策支持、举办者利益等方面的影响因素外，民办学校发展的实际情况也是重要的影响因素。一是要考虑学校原始投入的性质。比如原始投入中是否含有财政性经费，是否含有国有企事业经营性收入成分，如果含有公有性质的成分，选择登记为营利性学校将很难获得通过。二是办学成本投入。根据表 3-3 可以预见，非营利性民办学校会获得政府的财政支持，而营利性学校依靠自身投入较大，收取的学费能否满足学校发展的需要，这些因素在选择中都需要充分考虑。三是办学层次。除了实施义务教育的民办学校只能设立为非营利性学校外，学前教育、高中教育、高等教育、职业教育和各类培训机构均可以设立为营利性学校。但是，不同办学层次的学校投入量可谓天壤之别。就目前的情况看，民办幼儿园、民办高中都具有高水平学校的代表，但是民办高校需要更大的投入。目前，高水平的民办高校寥寥无几。四是学校的办学质量。无论是公办学校还是民办学校，无论是营利性学校还是非营利性学校，办学质量始终是影响学校生存发展的决定性因素，如果办学质量得到认可，选择营利性会增加办学自主权，更有利于学校的发展。反之，如果办学质量不高，没有形成特色，选择营利性可能会存在倒闭破产的风险。

三、推动民办学校分类管理改革的建议

1. 尽快完善分类管理相关政策法规。

2018 年 12 月 23 日，新华社发文《我国拟一揽子修改一系列法律激发市场活力》，文中称《义务教育法》《高等教育法》《民办教育促进法》等 17 部法律的修正案草案 23 日提请全国人大常委会审议。这几部法律刚刚修订不久，马上又进入修法程序，说明党中央、国务院对于民办教育是十分关心的，说明民办教育对我国激发市场活力发挥着重要作用。从中央政府的政策推进力度来看，无论是政策法规出台的频率，还是执行速度和强度，无疑都希望实现民办学校分类管理的尽快平稳过渡。但是，在相关政策尚未完全明朗的情况下，民办学校很难作出营利抑或非营利的选择。目前，民办学校的差别化扶持政策、民办学校的法人治理结构、民办学校办学的规范和监管、民办学校举办者的违法行为和法律责任等相关问题，需要更多的可操作性方案出台。一是在中央层面，尽

快出台修订后的《民办教育促进法实施条例》以及完善配套的税收政策；二是在地方层面，充分反映《国务院关于鼓励社会力量兴办教育促进民办教育健康发展的若干意见》对民办学校分类管理的扶持政策，尤其是在财政政策、土地政策、税收政策、办学自主权等方面的优惠政策。同时，不同省份在分类管理改革的政策法规方面自然会有所不同，要做到地域性和统一性的结合，因地制宜，因时制宜。

2. 针对不同教育阶段分类施策。

不同教育阶段差异性非常明显。在分类管理中，不仅要有营利与非营利的分类，还要有民办非学历培训机构和民办学历教育机构的分类，更要有幼儿园到高校的分类规范，在一部《民办教育促进法》里解决所有的问题难度很大。目前，民办学前教育和基础教育，已经探索出一条公办学校走不出的路子，充分发挥了民办教育体制机制的优势，发挥其最大的灵活性和创新性，受到了社会的广泛认可。比如，运营海淀凯文学校和朝阳凯文学校的凯文教育，在国际学校、出国留学、体育、艺术教育四个板块进行布局，主打"国际素质教育"，通过大手笔投入引入国际教育资源，收购美国瑞德大学下属的威斯敏斯特合唱音乐学院、威斯敏斯特音乐学校、威斯敏斯特继续教育学院等，落地在自身的国际学校教育之中，步入基础教育的前沿阵地。然而，相对于民办学前教育和基础教育，民办高等教育有自己的发展特点和模式，在人才培养质量、核心竞争力、社会认可度等方面都存在较大的问题，尤其是选择成为营利性民办高校面临的风险更加突出。建设高质量有特色的民办高校是民办教育健康发展的重要一环，所以在分类管理中，要充分考虑民办高校面临的困境，针对不同教育阶段制定更加有针对性的支持与引导政策，走出一条民办教育良性、健康、可持续发展的道路。

3. 扩大民办教育资金来源渠道。

民办学校在发展过程中需要大量资金的支持，经费多少是影响民办教育发展质量的关键因素之一。对于主要依靠学费生存的民办学校而言，需求多种资金来源渠道，突破目前民办学校资金渠道单一的局面，无疑是民办学校稳定发展的长久之计。由我国的国情决定，在分类管理改革前，绝大多数民办学校的举办者均为投资办学类型，办学目的大多具有双重性：在实现社会效益的同时，也希望获得投资效益。所以当时政府很难对民办学校进行财政支持。分类管理改革后，对于营利性民办高校，要鼓励金融机构开发风险可控的并与民办学校特点相符的金融产品，探索办理民办学校未来经营收入、知识产权质押贷款业务，扩大办学资金来源；对于非营利性民办学校，要加大政府对学校的资助政策，探索对非营利性民办学校的生均拨款制度，采取多种举措鼓励社会对非营利性民办学校进行捐赠。只有资金来源渠道多元化，资金保障充足到位，才能消除民办学校办学的后顾之忧，才能促进民办教育稳定发展，从而才能理性作出营利性还是非营利性的路径选择。

第四章　美国私立高等教育分类管理的借鉴与启示

在殖民地时期建立的哈佛学院是美国第一所高等教育机构，标志着美国高等教育的开端。1636年建立之初被称为"新学院"或"新市民学院"，后来在1639年为了感谢和纪念约翰·哈佛的捐赠而改名为"哈佛学院"，开启了美国高等教育捐资办学模式。在殖民地时期的学院几乎都是由私人投资或教会投资兴办的，殖民地政府也会或多或少地对学院进行经济补助、土地投入等资助。美国独立后，宪法没有赋予联邦政府管理高等教育的权力，而是规定由各州管理高等教育。联邦政府希望改变这一状况，增加政府对高等教育的管理权限。1788年，本杰明·拉什首次提出建立国家大学的设想，美国开国之初的六任总统均赞成设立国家大学，但宗教团体不希望看到政府资助的世俗学院的建立，因而各州仍坚持自由发展的原则，任何设立国家大学的议案均遭否决。^①联邦政府只能依靠立法来引导高等教育的发展，以土地收入作为教育投资经费支持公立教育，标志着联邦政府支持高等教育的萌芽。

1862年，美国国会颁布的《莫雷尔法案》（Morrill Land-Grant Act）

---

① 张维平，马立武. 美国教育法研究［M］. 北京：中国法制出版社，2004.

对美国高等教育产生了深远的影响。法案规定按各州在国会众议院和参议院的人数分配给各州不同数量的土地，允许各州将这些土地出售或者投资，并将收入所得投资兴建"讲授与农业和机械工业有关的知识"的学院。这些学院为美国农业、工业职业技术的发展培养了大量的人才，该法案的颁布被视为美国联邦政府对高等教育进行的第一次大规模干预。随后，美国联邦政府又出台了一些政策强化了国家对高等教育的干预，如 1887 年的《哈奇法案》（Hatch Act）和 1914 年的《史密斯—利佛尔法案》（Smith-Lever Act）都在一定程度上促进了"赠地学院"的发展。联邦政府又通过 1917 年的《史密斯—休士法》（Smith-Hughes Act）加强了对职业教育的投资。从 1917—1918 年，仅在农业、工业、商业和家政职业教育和师资训练以及职业教育研究上，联邦政府拨款达到 170 万美元；1921—1922 年，拨款增加到 420 万美元；1932—1933 年，拨款增加到 980 万美元。[①]联邦政府通过财政拨款、土地投资等方式引导高等教育朝着政府设定的目标发展。

在不同的历史时期，联邦政府结合社会发展的需要，制定符合国情的高等教育政策，并将其发展高等教育的目标渗透于政策之中，引导高等教育的发展。通过考察第二次世界大战前美国联邦政府对高等教育的干预，可以发现虽然联邦政府不具有直接管理高等教育的权力，但是联邦政府所拥有的许多宪法授予的权力，如开支权（Spending Power）、税收权（Taxing Power）、贸易权（Commerce Power），以及民事权利的强制执行权（Civil rights enforcement Power）等，使联邦政府能够扩展其管辖范围，参与到教育事务的管理中。[②]系统梳理美国联邦政府高等教育政策的演变，对理解美国私立高等教育分类管理的发展至关重要，对理解美国营利性大学的发展起到重要作用。本章将从高等教育政策的角度，探索联邦政府对高等教育管理的政策演变以及联邦政府对营利性大学的支持等内容。

① 柳艳鸿. 美国职业教育的法制化及对我国的启示 [J]. 中国职业技术教育，2003（2）.

② 杨晓波. 美国联邦政府的高等教育政策 [J]. 外国教育研究，2003（10）.

第一节　美国联邦政府高等教育政策的演变

一、美国联邦政府高等教育政策的历史梳理

根据美国联邦政府颁布的高等教育重要政策法规的转变（如表 4-1 所示），可将第二次世界大战以来联邦政府高等教育政策调控归纳为以下三个阶段：第二次世界大战以来到 20 世纪 60 年代末为强化期，这一阶段联邦政府以维护国家安全、维护教育公平为主，加强了对高等教育的调控；20 世纪 70 年代初到 20 世纪末为缓和期，这一阶段由于经济滞胀等因素，联邦政府放缓了对高等教育的投资，更多地引入市场机制；21 世纪以来为稳定期，虽然共和党与民主党执政人所在党派执政理念不同，会对高等教育政策做些调整，但总体上是保持教育相对稳定的态势。

表 4-1　第二次世界大战以来美国联邦政府重要高等教育政策一览

年份	政策法规	主要内容
1944	《军人权力法案》（G.I.Bill of Rights）	规定为战时所有在军队服役超过 90 天以上的人员提供教育和培训
1958	《国防教育法》（National Defense Education Act）	以维护国家安全、为国防事业培养优秀后备人才的名义加强联邦政府对教育的干预
1961	《平权法案》（Affirmative Action）	确保教育平等，不因种族、性别等不同而获得不同高等教育财政资助
1965	《高等教育法》（Higher Education Act）（1968 年、1972 年、1976 年、1980 年、1986 年、1992 年、1998 年、2008 年分别再授权）	加强对高等教育的经费支持，为接受高等教育的贫困学生提供经济帮助，并改善高校的办学条件
1983	《国家处在危险之中：教育改革势在必行》（Nation at Risk: The Imperative for Educational Reform）	存在教育机会不公平、教育质量下降、贫困家庭学生入学的经费压力等问题
1991	《美国 2000 年教育战略》（American 2000: An Education Strategy）	提高大学新生入学时的学业水平，提高进入高等教育生源的质量
1994	《美国 2000 年教育目标法》（Goal 2000: Educate American Act）	加大对教育的经费投入，到 2000 年大幅增加本科生和研究生的数量

续表

年份	政策法规	主要内容
2002	《2002—2007 年战略规划》（U.S.Department of Education Strategic Plan 2002—2007）	对高等教育的发展进行短期战略规划
2008	《高等教育机会法》（Higher Education Opportunity Act）	设立大学学费的信息披露制度，改进联邦学生资助的申请程序等
2009	《2009 年美国恢复与再投资法》（American Recovery and Reinvestment Act of 2009）	刺激教育的投资，投资数额大、资助面广
2010	《2010 年医疗与教育协调法》（Health Care and Education Reconciliation Act of 2010）	提出联邦政府的学生贷款业务将不再允许私人贷款公司参与，而由政府部门直接负责发放和管理
2013	《两党学生贷款协议》（Bipartisan Student Loan Deal）	重新调整贷款利息，限定未来联邦学生贷款利息的调整上限
2015	《2015 年两党预算法案》（Bipartisan Budget Act of 2015）	确定了"教育机会税抵免"政策
2017	"美国大学的承诺"项目（America's College Promise）	通过联邦政府与各州政府的共同合作，为 GPA2.5 分以上的学生免除两年社区学院学费

1. 高等教育政策调控的强化期（第二次世界大战以来—20 世纪 60 年代末）。

第二次世界大战是美国历史上最重要的转折点之一，美国在经济实力、军事实力和科技创新领域都得到了明显提高，成为当时世界两大霸主之一。战争结束后，美国政府开始着力解决战争的后期影响，其中比较突出的如退伍军人安置的问题和社会矛盾不断加深的问题。在这个时期爆发了大规模人民争取权利的运动。这些问题对美国战后恢复到正常的生活轨道提出了巨大的挑战。经美国国会调查研究，认为解决这些问题的一个重要手段是增加对教育的投资，扩大公民接受教育的机会。当时，美国逐步摆脱了 20 世纪 30 年代"经济危机"的影响，经济增长率较高，具有坚实的经济基础投资于教育。1944 年，国会通过了影响深远的《军人权力法案》（G.I.Bill of Rights），法案规定为战时所有在军队服役超过 90 天以上的人员提供教育和培训，政府将为接受高等教育的入学者提供接受教育的便利，并给予部分学费和生活费。联邦政府通过教育政策和经费支撑的举措不仅避免了战后大规模的失业危机，还为美国经济发展培养了优秀人才。这项法案使私立高校和公立高校都接收了大批受到政府资助的学生，成为第二次世界大战后联邦政府投资高等教育的发端，也是对美国高等教育集权管理的起点。学者大卫·亨利（David Henry）指出，对于联邦政府的决策者来说，高等教育已经变成国家实现目标的有效手段，通过对退伍军人的安置，联邦政府找到了介入高等教育的适当方式。①

冷战紧张局势的不断加剧，促使美国在军事、经济和技术上不断谋求进步与创新。1957 年 10 月 4 日，苏联成功发射了第一颗人造卫星"Sputnik"，开启了美苏两国的"太空竞赛"。在这之后的 4 个月内，美国也试图在卡纳维尔角发射卫星，却经历了数次难堪的失败，遭受了世界的嘲讽。举国上下开始思考与苏联相比存在哪些差距。经研究发现，国家安全、战略地位、科技发展越来越需要高等科学技术和工程技术人才的支撑，归根到底取决于教育功能是否得到充分发挥，特别是高等教育要适应科学技术的发展和国防建设的需要。社会各界人士开始猛烈抨击美国的教育，指责高等学校没有发挥应有的作用，应该尽快对高等教育进行调整，联邦和各级政府应该承担更多的教育责任。在美国教育专家学者和公众的抨击下，1958 年 9 月 2 日国会颁布了《国防教育法》（National Defense Education Act），以维护国家安全、为国防事业培养优秀后备人才的名义加强联邦政府对教育的干预。《国防教育法》共十章，其核心内容就是联邦政府通过各种方法向学校进行经费投资，并明确提出了"联邦政府对无法负担高等教育费用的贫困家庭学生进行资助是履行联邦国防义务的一部分"，通过了"国防学生贷款计划"，并加强对高校科研项目资金的投放，帮助高校做好基础设施建设和科学研究。这是第二次世界大战后联邦政府干预高等教育的里程碑事件，首次采取立法的形式干预高等教育，为联邦政府投资高等教育扫清了宪法性障碍，对高校、对学生进行了大范围、多方位的资助，私立非营利性高校获得了大量的科研经费支持，成为美国联邦政府投资的主要对象，为私立非营

---

① Henry D.David，Challenges Past，Challenges Present: An Analysis of American Higher Education Since 1930 [M]．San Francisco: Jossey-Bass Publishers，1975.

利性高校的快速发展奠定了经济基础。

到了20世纪60年代，随着民权运动高涨，不同种族、不同肤色的人获得了更加充分的高等教育权。然而，人们不得不面对的一个现实情况是高等教育是需要家庭进行投资的。由于贫富差距的悬殊，很大一部分贫困家庭的子女因为无力承担高昂的学费不得不放弃高等教育的机会，尤其是比较高质量的私立高等教育，学费更加昂贵，造成了教育不公平现象。虽然美国资本市场比较完善，但教育资本市场的缺失是不言而喻的。因为资本市场需要抵押物进行担保，这种抵押物往往是物质资本或者金融财产，而高等教育只是对个人未来人力资本的投资，这种投资具有周期长、风险大、不确定因素多的特点，所以在资本市场学生不可能用未来的收益作为抵押进行融资，从而导致资本市场不愿为学生个人教育投资进行贷款。也就是说，虽然在民权运动中扩大了高等教育权，但是因教育成本的问题而错失高等教育机会的学生还普遍存在，显然这是社会不公的直接表现。因此，这为联邦政府进一步加强对高等教育的干预提供了充分的理由，联邦政府也恰到好处地通过政策安排进行干预。

1965年，国会通过了《高等教育法》（Higher Education Act），法案共分为八章，其主要目的就是加强对高等教育经费的支持，为接受高等教育的贫困学生提供经济帮助，并改善高校的办学条件，其基本内容主要为：第一章是总则；第二章是教师质量提升资金；第三章是支持教育机构；第四章是加强对学生的资助；第五章是加快学院的发展；第六章是完善国际教育项目；第七章是研究生和中学后教育提升项目；第八章是额外项目。这部法律提出为了向全体公民提供更加平等的教育机会，每年拨款6.5亿美元，用于帮助贫困的学生。法律还授权联邦政府继续提供"国防贷学金"，同时，开始设立"教育机会助学金"和"担保学生贷款"等多种形式的高等教育资助项目，旨在促进高等教育机会公平。这项政策是美国历史上第一部针对高等教育的专项立法，其主要目的是通过加强对高等教育的投资来引导高等教育，为接受高等教育的贫困学生提供经济帮助，并改善高校的办学条件。值得注意的是《高等教育法》

并不是永久性的，而是必须周期性地进行修订，这种修订的专门术语叫再授权（Reauthorization），自 1965 年制定以来，《高等教育法》已于 1968 年、1972 年、1976 年、1980 年、1986 年、1992 年、1998 年、2008 年进行了 8 次再授权。最新动向是 2017 年 12 月，美国众议院教育与劳动力委员会以 23:17 的投票批准了《高等教育法》再授权的法案。《高等教育法》的制定及历次再授权，大大提升了联邦政府对高等教育的干预力度。

在这一阶段，联邦政府还制定了一些其他政策，进一步加强政策和资金的手段干预高等教育：有针对高等教育国际交流项目的投资政策，如 1961 年的《国外援助法》（Foreign Assistance Act）、1966 年的《国际教育法》（International Education Act）等；有促进教育平等的投资政策，如《平权法案》（Affirmative Action），规定不因种族、性别、肤色和原国籍的不同而获得不同高等教育财政资助；有支持高等学校基础设施建设的投资政策，如《高等教育设施法》（Higher Education Facilities Act），等等。这些政策法规的出台，形成了联邦政府资助高等教育的基本体系，涵盖了对学生的奖学金、贷款、助学金资助和对高校的科研经费资助等多种方式，使联邦政府能够将其意图渗透到公立高校和私立高校之中，直接或间接地影响高等教育未来发展的趋势，不论是公立高校还是私立非营利性高校都在不同程度上受到联邦政府的资金支持，并受到联邦政府的影响。

2. 高等教育政策调控的放缓期（20 世纪 70 年代初—20 世纪末）。

发生在 1973 年的第一次石油危机和 1979 年的第二次石油危机，给全球经济的发展带来极大的阻碍，美国出现了严重的经济滞胀，政府财政压力不断增加。在这种背景下，政府着手实行改革，引发了社会的极大反响，提出了"新公共管理运动""重塑政府运动""市场化政府"等不同称谓，都是对这次改革目标的诠释。改革运动的主要目的是寻找政府管理的新理念和新方法，提升政府管理的能力，缩小政府的管辖范围，把政府的主要职能限定在提供那些市场做不了也做不好的服务，其他部分交由市场进行解决。在这次改革的浪潮下实现了政府职能的调整，联邦政府对高等教育的干预逐渐趋于缓和，没有出台更多的高等教育投资政策，而是对原有政策的整合和调试。市场在改革的背景下发挥了更大的作用，私立非营利性高校在这个阶段受到联邦政府的资助额度逐渐减少，而私立营利性高校在这种政策环境下萌芽并崛起，实现了快速大规模的发展。

在这一时期，联邦政府主要是通过修订《高等教育法》实现对高等教育的投资管理，其主要目的是通过高等教育投资政策影响高校、学生家庭以及金融机构的投资规模与途径。1972 年《高等教育法》的修订，通过了佩尔提出的"基本教育机会助学金"，即以后的佩尔助学金，旨在提升高等教育机会，进一步加强对经济贫困学生的资助。佩尔助学金一改过去的"校本资助模式"，将资金由直接拨至学校调整为发放到被资助学生的手中，由学生自由选择学校。这样学校为了吸引更多的学生，而不得不提高高等教育的教学质量，提升学校的知名度。一些著名的私立非营利性高校获得学生们的青睐，招生规模不断增加，办学经费日益充盈。同时，联邦政府决定成立"学生贷款市场协会"，发展学生贷款的二级市场，其主要目的是完善学生贷款市场，为高校、为学生提供更加便利的贷款服务。这也在无形中增加了联邦政府的财政支出，为日后政府的艰难改革埋下了伏笔。1976 年《高等教育法》的修订，对高等教育的资助年限进行了延长，提出了进一步提高高等教育公平的意见，于1978 年通过了《中等收入家庭教育资助法》（Middle-income Family Education Assistance Act）。这一政策法案将资助界限从以前的家庭年收入 1 500 美元提高至 2 500 美元，并打破了对家庭收入的限制，规定不论家庭年收入多少，学生都有获得贴息贷款的权利。这一法案使学生贷款人数激增，受助人数从 300 万人增加到 500 万人，远远超过立法者的预期。[①]1980 年《高等教育法》的修订案将"基本教育机会助学金"更名为"佩尔助学金"，又设立了"本科生家长贷款项目"（Parent Loans for Undergraduate Student program，PLUS），政府资助规模进一步扩大。联

---

① Mumper，Michael.Removing College Price Barriers［M］. New York: State University of New York Press，1996.

邦政府对高等教育的投资数额不断增加，1978年为4.8亿美元，到了1980年增加到16亿美元，1981年达到了25亿美元。[1]联邦政府高等教育投资数额的不断膨胀，必然导致走向其政策的反面。联邦政府开始进行政策调整。在 1986 年《高等教育法》修正案中得到了体现，其主要特点就是要削减联邦政府对高等教育的投资，并减少助学金、奖学金的项目，而采取鼓励学生通过贷款的方式获得资助，并详细地规定了还款期限、还款方式，进一步规范了高等教育投资项目。学生逐渐倾向于学费低廉的公立高等教育，导致私立非营利性高校的办学经费受到一定程度的影响。

与此同时，高等教育质量出现了下降，包括联邦政府官员、专家学者和社会公众在内的教育改革有识之士，对高等教育的发展掀起了广泛的讨论。一些教育组织发布了一系列针对高等教育质量下降和教育经费遇到"瓶颈"的报告，其中最具代表性的是由美国高质量委员会（National Commission on Excellence in Education）在 1983 年发布了《国家处在危险之中：教育改革势在必行》（Nation at Risk：The Imperative for Educational Reform）。这份报告历经 18 个月的调查与研究，具体分析了美国教育存在的问题，如教育机会不公平、教育质量下降、贫困家庭学生入学的经费压力等，指出要扩大入学机会，实现教育面前人人平等，巩固美国高等教育在国际竞争中的领先地位。为了解决这个报告中高等教育出现的问题，国家教育学会（National Institute of Education）在 1984年发布了《投身学习：发挥美国高等教育的潜力》（Involvement in Learning：Realizing the Potential of American Higher Education）的报告，针对高等教育改革提出了改革建议，要求对高校教育进行投资时，应以提高教育经费以改善学习环境、提高教学质量为目的，不能盲目地提升学校规模而导致质量的下降。

为了保持世界领先地位，在 20 世纪的最后十年中，联邦政府出台了一些面向未来的教育发展规划和战略，调整了对高等教育的投资手段

① Gillespie，Donald A.Nancy Carlson.Trends in Student Aid：1963 to 1983 ［M］. Washington DC：Washington Office of the College Board，1983.

与投资力度，私立非营利性高校获得的投资规模显著提升。在 1989 年，乔治·布什（George Bush）担任总统时，召集了 50 个州的州长举行了最高级别的教育发展工作会议，形成了《全美教育目标报告》，提出了战略改革目标。为了实现报告中提出的教育发展目标，1991 年，出台了《美国 2000 年教育战略》（American 2000：An Education Strategy），主要目标是改革中小学当前的教育模式，以保证学生毕业时做好继续深造和就业的准备，提高大学新生入学时的学业水平，提高进入高等教育生源的质量。在比尔·克林顿（Bill Clinton）担任总统期间，以立法的形式确定了 2000 年教育改革发展的目标，《美国 2000 年教育目标法》（Goal 2000：Educate American Act）要求加大对教育的经费投入，到 2000 年大幅增加本科生和研究生的数量，尤其要使学习数学、科学和工程的少数民族学生和女学生的数量显著增加，促进高等教育公平。可以发现，与第二次世界大战结束后的前 20 年相比，由于国家之间战争局势、社会矛盾逐渐缓和，加之财政性经费的短缺，联邦政府这个阶段更多采取较为缓和的方式干预高等教育。

3. 高等教育政策调控的稳定期（21 世纪以来）。

进入 21 世纪，来自世界各国的竞争压力迎面而来，美国为了保持世界领先地位，联邦政府出台了一些面向未来的教育政策，加强了对高等教育的直接干预和调控。美国教育部相继颁布了《2001—2005 年战略规划》（U.S.Department of Education Strategic Plan 2001—2005）、《2002—2007 年战略规划》（U.S.Department of Education Strategic Plan 2002—2007），对高等教育的发展进行短期战略规划。2006 年 11 月，民主党在中期选举中获胜，12 年来第一次掌控美国国会参众两院。[①]在之前的几年，由于两党意见出现分歧较多，教育改革的每一步推进都需要较长时间的博弈，在参众两院由民主党占多数席位后，改革的步伐逐渐加快。于 2007 年和 2008 年先后通过《大学成本降低与机会法》（College Cost Reduction and Access Act）、《确保持续学生贷款机会法》（Ensuring

---

① 魏建国. 美国《高等教育法》修订与高等教育财政改革 [J]. 北京大学教育评论，2008（10）.

Continued Access to Student Loans Act），进一步扩大了联邦政府对高等教育的投资，增加了学生的入学机会。在这两个高等教育政策铺垫的基础上，2008年国会通过了另一部具有里程碑式的高等教育立法，即《高等教育机会法》（Higher Education Opportunity Act）。这项政策在财政投资领域作出明确而具体的规定，如设立了大学学费的信息披露制度、提出教科书的信息提供和成本控制机制、改进了联邦学生资助的申请程序等，特别是加大了对经济最困难学生助学金的资助，其中佩尔助学金的最高额授权2009—2010年度为6 000美元，2010—2011年度为6 400美元，2011—2012年度为6 800美元，2012—2013年度为7 200美元，2013—2014年度为7 600美元，2014—2015年度为8 000美元。但由于2008年爆发的金融危机，造成了全球经济的大衰退，这个阶段联邦政府、州政府都面临财政收入锐减的局面，而且高等教育机构获得的捐赠也不断降低，家庭收入受到影响导致了学生支付学费也出现了问题，高等教育投资面临巨大的经费缺口。为解决这一严峻问题，联邦政府投入大量资金支持经济的恢复和发展，于2009年通过了《美国恢复与再投资法2009》（American Recovery and Reinvestment Act of 2009）。这次拨款与以往政策的不同之处在于投资数额大、资助面广。联邦政府通过政策和拨款来干预教育是常见的手段，但这次教育领域获得总额高达1 150亿美元的巨额拨款并不多见，是美国历史上最大的一笔一次性联邦政府教育投资，而且投资覆盖了基础教育、高等教育、职业教育等多个领域，为教育事业的发展提供了资金支持。为了进一步规范教育管理，增加对教育经费的资助，2010年3月30日，美国总统奥巴马签署了《2010年医疗与教育协调法》（Health Care and Education Reconciliation Act of 2010）。这项政策我们在前文中也有提及，它的重要意义在于结束了以贷款机构为中介的学生贷款模式。法案提出联邦政府的学生贷款业务将不再允许私人贷款公司参与，而采取由政府部门直接负责发放、管理和回收的运作机制，将节省下来的中介机构贷款补助金用于扩大对学生的资助，使得联邦政府对高等教育的投资机制更加完善。

通过分析，虽然民主党与共和党在执政理念上存在差异，但是我们可以发现，联邦政府在全国教育事务中的角色定位一直是美国教育政策的重要议题，联邦政府的执政理念既有对政党传统的继承，又体现出其在知识经济新形势下对民众需求的迎合。正是在这种继承与迎合中，两党达成了共识，从《2002—2007 年战略规划》对高等教育的发展进行短期战略规划以来，包括《高等教育机会法》《2009 年美国恢复与再投资法》等在内的政策法规就在保持教育投资的不断增长，满足更多学生接受高等教育的诉求。例如，《两党学生贷款协议》《2015 年两党预算法案》就是两党共同协商出台的调控政策。奥巴马认为"帮助更多年轻人接受高等教育是美国的头等要务，而不仅是某一党派的责任"。在《两党学生贷款协议》的作用下，当年度近 880 万本科生的贷款利率从 6.8%降至 3.86%。[①]"美国大学的承诺"项目是奥巴马政府在 2015 年提出的，经过两党共同协商于 2017 年获得国会批准，众多低收入家庭的学生将因此项政策投资而受益。纵观 21 世纪以来联邦政府高等教育政策可以发现，民主党与共和党在协调与沟通中不断调整改善教育政策，共同刺激教育投资、增加投资数额、拓宽资助范围，推动教育投资规模的不断扩大，保持教育政策的连续性与稳定性。

二、美国教育政策调控高等教育的特点

高等教育是推动经济发展、知识创新和社会进步的重要力量，而充足的经费投入是推动高等教育快速健康发展的重要保障之一。第二次世界大战以来，面对世界形势的急剧变化，美国联邦政府出台的一系列政策取得了显著的效果，通过对这些政策的梳理与分析，可以归纳出以下主要特点。

1. 高等教育政策干预的间接性，高校享有充分的自主权。

美国高等教育的主要发展趋势是：联邦政府通过政策不断调整对高等教育的干预，注重实现联邦政府管理与高校自治在动态发展中的平

---

① 李函颖，徐蕾. 奥巴马政府高等教育入学保障性政策述评 [J]. 高等教育研究，2017（7）.

衡。在这种平衡中的最大特点是联邦政府并不是采取命令、支配等强制性手段，而是通过教育政策的引导、教育投资的资助手段实现间接调控，并维护高校的自主权。其中，对高等教育的投资通常不会采取直接拨款的方式，而是通过间接手段实现其调控目的，主要有以下几种方式：第一是通过奖学金、贷款和服务计划等方式对学生进行资助，帮助中低收入家庭的学生实现接受高等教育的机会，并尽可能地扩大资助范围；第二是通过对高校科研的资助，研发新的产品、新技术，提升国家创新能力；第三是向高等教育基础学科和重点领域提供资助，如 STEM 计划、外语教育及研究、改进学校的设备等；第四是直接向教师发放鼓励性资金，奖励教师在研究和教学中的突出贡献。可以发现，虽然联邦政府对高等教育的投资扩大了其对高校的影响力，但这些影响大部分集中于维护国家利益、促进经济发展、实现教育公平等领域。高校因为在培养学生的一线，更能把握人才培养的规律性，联邦政府因此并未触动这个领域的管理权限，高校在课程设置、培养方案、教授治校、教师聘任以及言论自由等领域依然保有充分的自主权。这种各司其职的管理方式造就了美国高等教育全球领先的地位。

2. 高等教育政策实现多方的平衡与制约。

美国联邦政府的高等教育政策不是毫无约束的，其范围不能超出两个方面：一是为公民接受高等教育公平性投资；二是为国防建设的需要而对高等教育进行投资。因此，一部联邦教育相关政策的出台过程体现了"三权分立"的制衡。首先要经过国会议员的提出，并经过教育专门委员会讨论决定后，送至众议院和参议院分别进行听证、辩论和表决，通过后再交由总统审签。如果总统选择行使否决权，这项政策提案也不能获得通过，除非两院各有三分之二的多数票推翻总统的否决权。可见，众议院和参议院有一院不通过或者总统行使否决权的话，政策都不能获得通过并实施。而且即便是通过的教育投资政策也会受到各方的关注，如果联邦政府对高校的约束或者对高校过分干预还会受到社会各界的批评。例如，20 世纪 60 年代，联邦政府对高等教育的调控空前加强，导致高校自主权受到很多限制。联邦政府的这种调控受到许多学者著书立作的批评，在这些专家学者理论学说的影响下，联邦政府在一定程度上重新定位对高等教育的调控。其中比较有影响力的学者之一米尔顿·弗里德曼（Milton Friedman）出版了《资本主义与自由》和《自由选择》两本著作，书中批评国家过多干预高等教育，主张建立不受国家限制的自由市场，提出应该把政府的计划缩小到最小程度，从而使联邦政府对高等教育的管理权有所下降。

3. 高等教育政策注重实现教育公平。

实现教育公平是世界各国教育发展和改革的方向，也是人类追求的一种教育理想。教育公平在美国也是曲折发展的过程，从解放黑人奴隶的内战到"隔离但平等"的最高法院判决，再到第二次世界大战后民权运动的发展，逐渐实现了社会的平等。特别是 20 世纪 60 年代发展的民权运动，促使美国在教育公平、教育机会均等方面作出巨大的改变，目前已经取得了明显的进步，特别是在改善有色人种、贫困家庭及特殊教育等方面做出了突出贡献。在 1964 年美国国会通过的《民权法案》第六章联邦资助项目的非歧视中规定："任何人都不得基于其种族、肤色或民族而被排除禁止参与接受联邦资助的活动和项目，或被拒绝禁止享受由联邦资助的项目所带来的好处，或者在联邦资助项目中受到歧视"，这使得所有学生都能够获得联邦高等教育的经费支持。在特殊教育中，联邦政府也加大了财政性拨款，对残障学生提供设备支持、专门的师资培训拨款、特殊经费补助，使得残障学生在高等教育领域得到特殊的关心与帮助。除此之外，在资助贫困家庭等方面联邦政府的投资政策也发挥了重要作用，《国家处在危险之中：教育改革势在必行》非常鲜明地指出了存在教育机会不公平、教育质量下降、贫困家庭学生入学的经费压力大等问题，为高等教育投资政策发展提供了改革方向。有的学者认为，特朗普时期，政府在种族公平正义、警察暴力、机会平等和制度化种族主义等问题上的言行要更加负责任，切实采取行动弥合分歧。[①]这些投资政策为实现种族公平、贫富公平、正常人与特殊人的公平做出了

---

① 吴万伟. 特朗普的高等教育政策主张 [J]. 复旦教育论坛，2017（1）.

突出贡献，发挥了联邦政府宏观调控的职能。

4. 高等教育政策明确具体，并伴有投资经费的支持。

美国联邦政府出台的多部高等教育政策对投资数额、投资方法、受益主体、违约问题等的规定都各有不同，每个时期都会体现出不同的时代背景，也反映了联邦政府教育政策在发展过程中受政治、经济和文化等因素的影响。但从整体上看，教育政策的一个重要特点是政策规定明确、具体，充分运用了经济杠杆的作用，许多关于投资的政策直接规定了拨款的具体数额和拨款方式，使政策能够得到较好的贯彻和执行。例如，《高等教育法》的 8 次再授权都增加了对高等教育的投资，而且十分具体，减少了自由裁量权，对美国高等教育的发展产生了深远的影响。在投资政策和经费的保障和推动下，美国高校教育的规模不断扩大，实现了高等教育的大众化和普及化，为经济社会发展积累了大量的人力资本。

5. 构建政策体系从而形成合力。

第二次世界大战以来，美国联邦政府教育政策调控高等教育实现了从模糊到清晰、从单一性向体系化的转变，形成了投资政策、资助政策、科技政策、税收政策等为主的全方位教育政策体系，形成了合力。面对不同的目标群体、不同层次的需求，使其投资呈现资金来源多元化、投资机构多层次、投资项目多样化的特点，共同维护和促进美国高等教育的发展。就资助政策而言，有《高等教育法》《高等教育机会法》《2009年美国恢复与再投资法》规定的"佩尔助学金""勤工助学""联邦帕金斯贷款""联邦家庭教育贷款计划""斯坦福贷款"等贷款和助学金项目，还有"全国科学基金会奖学金""国家军事奖学金""保尔·道格拉斯师范教育奖学金"等奖学金项目。在科技政策中，联邦政府是高校科研经费的最大投资者，《国防教育法》《美国 2000 年教育战略》《2002—2007年战略规划》的制定，使美国科技创新层出不穷，尤其在电子工程、计算机科学、生物工程以及材料化工等领域居于世界领先地位，并出现了大量的诺贝尔奖获得者，不仅促进了美国高等教育的发展，而且使美国世界经济霸主的地位得到巩固。除了直接资助学生和高校，联邦政府通过各种税收政策影响高等教育事业，主要有三大类：联邦所得税法、社会保障税法、事业补偿金税法。[①]《2015年两党预算法案》就体现出联邦政府运用税收政策调控高等教育的特点，并在实施过程中达到了预期的效果，让更多家庭更有意愿将家庭收入投资到高等教育领域，这也成为美国高等教育投资经费最主要的来源渠道之一。此外，美国联邦最高法院关于教育财政诉讼的判决而形成的判例法对美国高等教育的投资走向也产生了很大的影响。

6. 发挥政策的引导作用，实现资金来源的多元化。

从《高等教育法》到"美国大学的承诺"项目，都可以发现联邦政府是通过投入资金的模式来引导州政府、市场、社会以及家庭对教育发展的认同，最大特点是联邦政府并不是采取命令、支配等强制性手段，而是通过教育政策的引导、教育投资的资助手段实现间接调控，从而带动更多的资金投入到高等教育中，实现资金来源途径的多元化。1972年，《高等教育法》再授权后，美国营利性大学获得了发展的重要机遇，究其原因就是允许进入营利性大学的学生申请佩尔助学金的资助，从而带动了市场资本投入到高等教育之中，实现了营利性大学的跨越式发展。此外，"美国大学的承诺"项目旨在通过联邦政府与各州政府的共同合作（经费投入比3:1），为GPA2.5分以上的学生免除两年社区学院学费，2017年获得12.57亿美元预算。[②]这个项目不仅是联邦政府的单方面投资，还带动了各州政府的教育投资，扩大了资金规模。可以发现，虽然联邦政府对高等教育的投资扩大了其对高等教育的影响力，但这些影响通常以间接手段开展，而不是以行政命令的手段进行。

---

① 王英杰. 美国高等教育发展与改革百年回眸 [J]. 高等教育研究，2000（1）.

② U.S.Department of Education.Department of Education Budget Tables. 2017-02-20.

第二节　美国营利性大学的发展

美国拥有世界上最庞大的高等教育系统，有着多种类型和形式的学院和大学，根据性质的不同可以将其分为公立大学和私立大学，其中私立大学又有营利性大学和非营利性大学之分。[①]这种划分主要是基于美国法律对营利性组织和非营利性组织的界定，称之为"禁止分配限制"。[②]就是说大学如果将剔除成本后的纯收入在组织成员中分配，那就是营利性大学，否则是非营利性大学。美国营利性大学的历史最早可以追溯到美国殖民地时期。但由于其长期处于高等教育的边缘地位，直到20世纪70年代才逐渐发展壮大，并于20世纪90年代迅速崛起。其中，两年制营利性大学由1980年的147所发展到2010年的664所，四年制营利性大学由1980年的18所发展到2010年的649所，发展十分迅速。在2008年金融危机爆发后，虽然对营利性大学的发展又引起了广泛的争论，尤其在金融危机影响减弱，就业市场逐渐恢复后，营利性大学的招生规模、获得利润等方面受到一定程度的影响，但其长远的发展趋势仍被美国社会各界所认可。营利性大学在其漫长曲折的发展过程中，虽然长期介于主流高等教育之外，但其独特的教育方式与针对性的培养方案为满足社会发展的需求做出了巨大的贡献，同时也在促进教育公平、少数民族教育、女性教育、特别教育等领域起了重要作用，并且与公立大学、私立非营利性大学共同构成了当今美国的高等教育体系。

现存的记录表明，美国在殖民地时期就产生了营利性的教育。17世纪60年代，荷兰殖民者们就开办了较好的夜校，讲授数学、阅读和写作。[③]这类教育与欧洲传统高等院校的办学方针、培养目标和课程设

---

① 饶燕婷. 20世纪70年代以来美国高等教育结构调整的特点及启示[J]. 中国高教研究，2009（10）.

② 袁征. 美国营利和非营利学校的分界 [J]. 教育发展研究，2010（10）.

③ Richard S.Ruch.The Rise of the For-Profit University [M]. Higher Ed, inc: Johns Hopkins University Press，2003.

置有很大的差别。欧洲高等院校主要培养有良好文化素质的绅士，以培养社会上地位崇高的贵族学生为主，培养的内容主要为古典文学知识，崇尚博雅教育，主要开设如法律、医学、教育以及神学等方面的课程。而这些营利性学校主要以职业教育培训为主，受教育者主要以当时处于社会边缘地位的人们为主，如有色人种、印第安人和特殊人士，教育培训的主要目的是增加受教育者的工作技能，满足当时社会发展的需求，以实践的方式向学生传递技能，开设的课程以测量、领航、水利、建筑以及实用商业为主，课程结束后可以提供资格证书，可以为毕业生提供良好的就业机会，从而提升学生社会经济地位。虽然这类学校规模较小，但其数量很多，19 世纪初期是其发展最快的阶段之一。例如，1800 年马萨诸塞州有 17 所这类营利性学校，1830 年有 68 所，到了 1860 年增加到了 154 所。[①]随着高等教育政策的不断调整与规范，这些营利性学校逐渐走向职业教育的道路，并在 1862 年的《莫雷尔法案》、1917 年的《史密斯—休士法》以及 1962 年的《职业教育法》等政策法规的支持下获得了稳定的发展空间，成为中学后教育的重要补充，为在职人士、经济困难人士、特殊人士等提供了学习的机会，并随着社会和经济发展的需要而不断作出调整。

到了 20 世纪七八十年代，由于联邦政府教育政策的支持，佩尔助学金增加了资助力度、扩大了资助范围，并明确规定符合条件的营利性高校的学生同样可以获得财政性资金的支持。这项政策是长期以来对营利性高等教育办学的认可，极大地扩大了营利性高校的招生规模，使营利性高校步入快速发展阶段。在 1973—1974 年，营利性高校的学生获得了 7% 的佩尔助学金资助，到了 20 世纪 80 年代末，获得佩尔助学金资助的比例高达 30%。[②]但是，由于进入营利性高校的学生中以低收入家庭、少数民族以及贫困地区为主，一些为了经济利益而招收学生却提

---

① 纳尔逊·曼弗雷德·布莱克. 美国社会生活与思想史（上册）[M]. 许季鸿，译. 北京：商务印书馆，1994.

② Michael S.McPherson，Morton Owen Schapiro.Keeping College Affordable [M]. Washington D C：Brookings Institution，1991.

供不负责任教育的高校，使营利性高校贷款违约率较高，而且辍学率、就业率和低工资进一步加剧了人们对营利性大学的质疑。同时，在这个阶段发展过程中，对营利性大学展开了最为激烈的争论，焦点在于部分人士认为高等教育的职能在于教学、科研和社会服务，而营利性大学的科研与社会服务的职能基本弱化，质疑者普遍认为对营利性大学发展应该进行限制，这种局面造成了营利性大学发展过程中遇到了一定的阻力。

20 世纪 90 年代，美国国会通过了《高等教育法》的修订案，进一步规范了获得联邦政府经费资助高校的招生程序，主要是通过认证来规范高等教育机构的发展，提高高等教育质量，防止部分高校通过扩大招生规模而不合理地获得联邦资助。这些对营利性大学的规范与管理为其发展创造了一个理想的环境，因为经过认证的营利性大学具有颁发副学士、本科、硕士及博士学位的资格，使营利性大学毕业生更具有市场竞争力，营利性大学迎来了发展的黄金时期。在 1990—1991 学年至 2000—2001 学年期间，公立大学和私立非营利性大学的数量变化不明显，而两年制营利性大学和私立四年制营利性大学显著增加。在 1989—1998 年，公立大学学生在册人数增长 6%，私立非营利性大学增长 10%，而营利性大学增长了 59%。[1]这种发展不仅表现为营利性大学数量的增加以及招生规模的扩大，而且表现为高等教育上市公司的出现与发展。1991 年，获得认证、具有学位授予权的营利性大学教育机构中，只有一家是上市公司，即德夫里公司，8 年后这样的教育公司就增加到了 40 家。[2]

进入 21 世纪，随着高等教育投资政策的不断完善，营利性高校发展空间不断扩大，一方面促进了美国高等教育的发展，满足了人们对高等教育的需求，另一方面也影响了大学创造知识、传递知识的使命。尤其金融危机爆发以后的几年，在政府的财政性经费锐减、家庭收入降低、

① 李明华. 美国营利性高等教育的兴起及对中国的借鉴意义 [J]. 高等教育研究，2004（9）.

② Richard S.Ruch.The Rise of the For-Profit University [M]. Higher Ed. inc: Johns Hopkins University Press，2003.

支付学费困难的背景下，营利性高校发展也受到了极大的影响，招生规模大幅下降，学费收入大幅减少，部分营利性高校经营困难导致教学质量下降，引起了政府、商业、教育等社会各界人士的关注。因此，营利性大学的发展是在夹缝中生存、危机中发展、曲折中前进，与非营利性大学共同构成了当今美国的私立高等教育体系。

在这一节梳理美国营利性大学发展历程、探寻发展的动力、分析面临的新危机，对我国营利性大学的发展具有一定的借鉴意义。

一、美国营利性大学的崛起及其动因

20 世纪 70 年代以来，发放各类职业资格证书的职业学院逐渐向颁发学位证书的营利性大学转变。20 世纪 80 年代末，325 所营利性大学获得认证，到 2005 年，营利性大学总数已经超过 800 所。①随着美国营利性大学的崛起，其独特的教育方式与针对性的培养方案为满足社会发展的需求做出了巨大的贡献，这引起了世界范围内对非营利性和营利性两类大学分类管理策略的重视。美国高等教育的营利浪潮始于 20 世纪 80 年代，巴西、马来西亚、菲律宾和南非等都是营利性高等教育发展较快的国家。②英国政府为了适应经济环境的变化，突破传统大学发展的模式，通过英国《卫报》等形式的广泛讨论，于 2012 年 11 月诞生了营利性大学，主要讲授法律职业相关的课程。③目前，我国民办高校也面临着营利性还是非营利性的重大抉择，探寻美国营利性大学发展快速的动因会给我国民办高校的选择提供一种新的视角。

其一，联邦政府的支持政策是营利性大学发展的根本原因。美国营利性大学快速发展始于 20 世纪 70 年代，最重要的原因是 1972 年《高等教育法》修正案增加了佩尔助学金的资助力度和资助范围，明确规定

---

① Carol Everly Foayd.Earning from Learning: the Rise of For-Profit Universities [J]. Review of Higher Education，2007（31）.

② 丁秀棠. 营利性高等教育活动本质与主要特征：理性主义的视角 [J]. 浙江树人大学学报，2016（11）.

③ Chris Cook.UK Approves First For-Profit University [N]. Financial Times，2012-11-23.

符合条件的营利性大学的学生同样可以获得资金的支持，这一政策是长期以来对营利性学校办学的认可，极大地扩大了营利性大学的招生规模，使营利性大学步入快速发展阶段。除了在财政经费上的支持外，认证制度也为营利性大学的发展提供了动力。认证制度是美国高等教育质量的重要保障，目前在认证制度中起重要作用的主要为两大机构：一是联邦教育部（United States Department of Education，USDE）；二是高等教育鉴定委员会（Council for Higher Education Accreditation，CHEA）。CHEA 将"高等教育认证"界定为：为了进行质量保障和质量改进而对学院、大学和专业进行审核的一种外部质量审查过程，成功通过审查则获得认证。[①]只有在高校取得国家、地区或专业型的认证后才具有颁发学位和获得政府资助的权利，可见认证制度对高校的重要意义。20 世纪 70 年代以前，营利性大学是被排除在高等教育认证的范畴之外的，在这之后才获得认证的资格。从 1972 年开始，营利性大学的数目大幅度增长，平均每年大约增长 11%，营利性大学所占高等教育机构的比例从 1976 年的 0.4%上升到 2005 年的接近 6%。[②]

其二，明确的办学定位和清晰的目标群体，找准了市场空白点。随着知识经济时代的到来，市场对人才的需求也到了新的高度，需要越来越多接受过高级培训或者高等教育的人胜任新岗位，而且年龄超过 25 岁的成年人对高等教育的需求越来越强烈。然而，传统的公立大学和私立非营利性大学并不能满足这部分人群对高等教育的需求，需要一种全新的教育模式来适应新的需要。哈佛大学教授克里·斯坦森在 20 世纪 90 年代初提出颠覆式创新理论，他认为颠覆式创新"不是在已有的竞争市场上沿着传统的发展路径持续创新，而是通过带来不足以与之前匹敌的产品或服务打破原本的发展轨迹"。[③]美国营利性大学以企业的形式注

---

① 彭江. 美国高等教育认证制度：历史发展、系统结构及启示 [J]. 大学教育科学，2012（2）.

② James Coleman，Richard Vedder.For-Profit Education in the United States: A Primer [R]. Center for College Affordability and Productivity，2008.

③ 克里·斯坦森. 创新者的课堂：颠覆式创新如何改变教育 [M]. 北京：中国人民大学出版社，2015.

册，同时受到公司法的管辖和教育部门的双重监督，依法履行纳税人的义务，办学经费主要来源于投资者的投入，以获得利润为目的，花费大量的时间和资源去分析其潜在的学生市场和学生对教育的需求，并结合市场调研的结果开展教育。同时，在课程设计上也与非营利性大学具有很大的差别，营利性大学开设那些市场需求较高却又缺乏市场供应的课程，更加面向实践，以培养和提升学生的操作水平为目的，以便学生能够快速地适应就业要求。这种颠覆式创新与传统大学的延续性创新有着本质上的区别，找到了市场的痛点，在发展的前 40 年取得了显著的成绩。

其三，抓住时机进入资本市场，使营利性大学获得大量资金。美国具有完善的资本市场体系，为企业的发展提供了发行证券筹集资金的机会，其开放程度是其经久不衰的重要基础。20 世纪 90 年代，营利性大学抓住机遇进入资本市场，促进了营利性大学的高速发展。自 1991 年出现了第一家营利性高等教育学位授予机构在证券交易所上市后，出现了一大批提供学位教育的营利性大学在股票市场上市，到 2000 年前后已经达到了 40 家，发展不可谓不快。这时期出现了营利性高等教育的"G-7 集团"：阿波罗教育集团（Apollo Group）、德夫里公司（DeVry）、职业教育公司（Career Education）、科林斯学院公司（Corinthian Colleges）、教育管理公司（Education Management）、国际电信与电报集团教育服务公司（ITT Education Services）和斯瑞尔教育公司（Strayer Education）。这些上市公司与传统的营利性教育机构还存在着很大的区别，高校的所有权并不是归个人拥有，而是民众通过股票交易获得公司的所有权，这为营利性大学扩大办学规模、创立品牌形象、改善办学条件提供了大量的资金支持，使其得以高速发展并形成营利性大学特有的经营模式，同时也为投资者带来巨额回报。如阿波罗教育集团 1994 年在纳斯达克上市时每股仅为 0.72 美元，在 2004 年 1 月 1 日股价曾达到最高值 93.31 美元，而后股价在震动中下降，到 2014 年 7 月维持在 30 美元左右。

其四，宣称关注弱势群体，使营利性大学占据了促进教育公平的制高点。英国 1963 年的《罗宾斯报告书》就明确表示"每个青年，只要能力及学业成就适合接受高等教育，都应该享有此种机会"。在这样的思想影响下，各国高等教育开始破除精英化的传统，迈向大众化与普及化，在 20 世纪 50—70 年代规模迅速扩张，成为一场"教育的革命"。①在这场革命中，处于高等教育边缘地位的低收入家庭学生、少数族裔学生、在职的成年人以及被传统大学拒之门外的学生成了教育的弱势群体。在高等教育普及化的条件下接受高等教育已经不被认为是一种特权，而是公民的一种基本权利。营利性大学不仅仅避开了传统大学的优势，而且找到了促进教育公平的制高点，以吸收弱势群体学生作为促进教育公平的说法，而且给出了有力的数据支撑。在这种情况下，很少有人提出质疑，使社会逐渐接受并在一定程度上鼓励营利性大学的发展，从而形成与非营利性大学的竞争机制，教育政策也逐步放开管制并给予经费、政策的支持，使营利性大学在 20 世纪 70 年代以后逐渐从幕后走向台前，社会影响力不断提升。

二、美国营利性大学面临的现实困境

正当美国营利性大学发展蒸蒸日上之际，2007 年美国爆发了严重的次贷危机，股市大跌，资本市场乏力，大批员工失业，对经济造成极其恶劣的影响。但是在次贷危机发生之初，运营营利性大学的公司股票并没有像其他行业的股票一样下跌严重，反而在 2008 年出现上涨，这正是经济学领域的"反周期现象"。因为大批的员工失业，很多人返回高校学习知识，提升自身能力，以便在次贷危机后找到更为优越的岗位，营利性大学宽松的入学政策自然成为失业人员的首选。所以，当时包括政府、学者、公众在内的人士对营利性大学充满赞叹，对营利性大学的发展满怀乐观精神。

然而，好景不长，美国营利性大学并没有在经济寒冬中独善其身。2010 年，美国营利性大学在经历了 40 年的快速发展后，迅速地跌入了谷底，陷入了新的危机。我们可以从学者研究与数字两个方面来看这场

---

① 周详. 美国营利性高等教育的困局及其对教育立法的启示 [J]. 中国高教研究，2016（6）.

严重的危机。在学者研究方面，约翰·A·道格拉斯指出，没有任何质疑、毫无规则、大幅度扩张营利性大学可能已成定局，但是在国家和地方层面来说，营利性大学还有些问题值得重视。比如，学位的获得率很低，学位质量值得担忧，学习费用偏高，毕业生为此负债累累，就业率偏低，等等。[1]在数字方面反映得更为直接，2012年以来，营利性大学已经倒闭了17%。仅2016年，就有350所营利性大学倒闭或者停止了从联邦政府获得资助。[2]究其原因，主要有以下几点。

1. 生源大幅下降。

美国营利性大学最主要的经济来源就是学费，稳定的生源是营利性大学赖以生存的基础。营利性大学前期靠大量的广告宣传，为学生塑造美好的愿景，迎来了大批的学生。据2012年美国参议院HELP委员会报告统计，2009年接受联邦助学贷款资助的30所营利性高等教育机构用于开拓市场、广告宣传以及招生的花费占总收入的22.7%（约42亿美元），与之形成对比的教学开支仅占总收入的17.2%（约32亿美元）。[3]可以发现，营利性大学用于招生宣传的费用远远高于学校的教学支出，这与传统大学形成了鲜明对比。造成的结果就是教学质量的下降，学生并没有获得能力上的真正提升，而只是拿到了一个市场竞争力很弱的学位。当学生普遍认识到营利性大学并不能为自身的未来带来很好的发展空间后，纷纷放弃了到营利性大学就读。生源的减少意味着利润的下降，利润的下降导致了企业竞争力的弱化。

2. 资本市场表现不佳。

作为上市公司，营利性大学最看重公司的利润，利益相关者主要是

---

① John Aubrey Douglass.The Rise of the For-Profit Sector in US Higher Education and the Brazilian Effect [J]. European Journal of Education，2012（2）.

② Casey Mendoza，Grant Suneson.More For-Profit Schools Are Closing Because of Obama-Era Regulations [EB/OL]. [2017-07-19] https://www.wmar2news.com/newsy/more-forprofit-schools-are-closing-because-of-obamaera-regulations.

③ Committee on Health，Education，Labor，and Pensions United States Senate. For-profit Higher Education：The Failure to Safeguard the Federal Investment and Ensure Student Success [R]. United States Senate HELP Committee，2012.

其股东，要给投资者回报。2010 年前后，政府、企业界、社会、学生似乎都对营利性大学表现出不满和质疑：政府发现巨大的投入带来了大量的违约；企业发现营利性大学培养的学生并不能满足企业对应用型人才的需求；社会发现营利性大学宣称的社会公平并没有实现；学生发现课程不合时宜、教学没有针对性，毕业后并不能找到理想工作。然而，与之相对的是营利性大学的高管却获得了巨大的经济回报。根据 2009 年高等教育年鉴的数据显示，公立学校校长的年总收入最高的是俄亥俄州大学的高顿·盖尔的 130 万美元。但是营利性大学的高管们的收入更为体面，阿波罗的三个首席执行官，2008 年的年薪都在 600 万美元以上。[①]这就导致了营利性大学严重的信任危机，加之美国股市的普遍疲软，资本市场的失利成为营利性大学面临的一场风暴。美国最大的营利性大学凤凰城大学的母公司阿波罗教育集团已于 2017 年退市，这引起了政府、商业、教育等社会各界人士的关注。

3. 大学理念与公司理念的冲突。

大学的理念是以人才培养为核心的，威斯康星大学校长范海斯提出大学要忠实地为社会需要服务，从而形成大学教学、科研与服务的三大功能。在原有的大学理念中教育不能像企业一样追求利润，应该保持教育的独特性、公益性的特点。然而，这一教育理念被逐渐发展壮大的营利性大学所打破，营利性大学很少涉及科研，社会服务也十分有限。营利性大学作为大学理念与公司理念融合之后的主体，其中必然会出现一些难以调和的冲突，并呈现出如下特征：管理企业化（即高校采取商业性的组织和管理模式）、入学集体化（即高等教育大众化的不断发展）、学习商品化（即大学的私营化）、知识商品化（即商业企业和营利机构不断强化在知识生产与传播方面的影响）、教育电脑化（即教学、科研和出版活动大量采用新信息技术）以及学术自由日益受到侵蚀（即外部压力和干预对高校和个体开展知识生产活动自主权的侵蚀）。[②]这

---

① Susan O'Malley.The Leading Edge of Corporatization in Higher Ed：For-Profit Colleges [J]. Radical Teacher，2012（1）.

② 阚阅. 金融危机中的美国高等教育财政 [J]. 比较教育研究，2009（9）.

种变化一方面促进了美国高等教育的发展，满足了人们对高等教育的需求，另一方面将这种传统意义上的"高尚行为"转变为"追求金钱"的逐利行为，尤其是在营利性大学被批评教育质量低下、学生贷款违约率高等问题后，受到社会舆论广泛诟病。

4. 学生较低的投资回报率和较高的贷款违约率。

由于前期招生规模的无限制增长，导致营利性大学的文凭日益泛滥，而且含金量很低，学生毕业后很难找到工作。更为严重的问题是进入营利性大学的门槛很低，很多学生入学后并没有将精力用于学习，导致营利性大学的辍学率极高。联邦政府允许营利性大学的学生申请助学贷款的初衷是推进高等教育的平等化，让更多的贫困家庭的学生也能顺利入学。然而，营利性大学利用联邦政府的政策，想尽一切办法帮助学生有效地获得贴息贷款支持，成为其重要的利润来源，却没有提供高质量的教育。这种过度的贷款和低质量的教育带来了巨大的风险，即严重的贷款违约率。据统计，2000 年在美国学生贷款债务排名前 25 的大学中，营利性高校只有 1 所，到 2014 年则有 13 所，其中凤凰城大学占据第一位。营利性高校学生贷款违约率高达 44%，四年制营利性高校的学生贷款违约率是公立高校和非营利性高校的 2～3 倍。[①] 这种贷款风险主要由学生和联邦政府承担，极大地损害了联邦政府的资助体系和学生的切身利益，引起了社会的关注与批评。从 2011 年开始，奥巴马政府启动了对营利性大学的审查与监管，在严格的监管下众多不符合要求的营利性大学已经倒闭。例如，G-7 集团中的科林斯学院于 2014 年倒闭，100 多个校区被关闭，有 7.5 万学生面临着转学或者失学。2016 年，ITT 技术学院被十几个州政府及两个联邦机构进行调查，主要涉及的问题是欺诈招生，导致了 130 个校区关闭，4 万多学生失学，ITT 技术学院也最终倒闭。德夫里公司也关闭了 39 个校区，赔偿了 1 亿美元。[②]

---

① 吴玫. 美国营利性高等教育的新危机 [J]. 高等教育研究，2018（4）.

② Daniel Funke.Former Corinthian Colleges to Pay over \$1B for Defrauding Students [EB/OL]. [2016-03-25]. http://colege.usatoday.com/2016/03/25/for-%20mer-corinthian-coleges-to-pay-over-1b-for-defrauding-%20students/.

第三节　美国营利性大学案例
分析——阿波罗教育集团

美国阿波罗教育集团自 1973 年成立以来，其营利性高等教育的办学属性一直被世界所关注，而且办学规模逐年扩大，1994 年在纳斯达克的上市，获得了巨额回报。然而，正在大家热议阿波罗教育集团办学取得巨大成功，纷纷效仿之际，2017 年阿波罗教育集团被阿波罗全球管理公司等投资机构收购，从纳斯达克退市，实现私有化。其私有化的目的尚需探讨，是因为当前经营困难被收购，抑或是重新估值后再度上市进一步融资我们不得而知，但是阿波罗教育集团的发展历程值得我们认真梳理，将对我国民办高等教育的发展具有借鉴意义。

一、阿波罗教育集团的崛起及发展

1. 阿波罗教育集团的崛起。

阿波罗教育集团于 1973 年成立，致力于通过高质量的教育提升生活质量，其使命是通过灵活的、可负担的以及高效的教育帮助学生获得有形的技能并获得成功，重点关注建立学习与事业之间的桥梁，传递卓越的学术经历支持学生发展并为雇主提供优秀的雇员。1994 年阿波罗教育集团在证券交易所纳斯达克成功上市，获得了资本市场的支持，为其日后发展提供了大量的资金。已经形成六个子公司提供创新性与特色性的教育服务，分别为凤凰城大学（University of Phoenix）、阿波罗全球教育公司（Apollo Global）、财务规划学院（College for Financial Planning Institutes）、职业发展学院（Apollo Professional Development）、西部国际大学（Western International University）及 TIY 学院（TIY

Academy）[1]（如表 4－2 所示），涵盖了本科教育与研究生教育、传统校园教育与网络教育，校区遍布美国、亚洲、澳大利亚、欧洲以及拉丁美洲等多个国家和地区。阿波罗教育集团在 40 多年的发展历程中，一直处于改革的前沿。约翰·斯博林（John Sperling）作为阿波罗教育集团的创始人，是改革陈旧高等教育系统的先锋人物，依靠更好的方法为学生提供更加优质的教育并使学生获得学位，这一方法在过去的 40 年当中被证实是十分有效的。约翰·斯博林这样评价该集团："我们获得了学术与经济的双重成功，在学术上的成功说明我们的教学过程是严格的、有效的，得到了学术团体的认可；在经济上的成功使我们达到了投资人与管理者所期望的利润，并且我们有能力进行再投资，并获得适当的利益。"[2]

表 4－2　阿波罗教育集团子公司概览

子公司		开展项目	概　况
凤凰城大学		学历教育	1978 年通过认证，涵盖从学士学位到博士学位的项目，集团 90% 以上的收入来源于该大学
全球教育公司	BPP 持股控股有限公司	学历教育 图书出版	位于英国伦敦，主要有法律学院和商学院，并在全球范围内出版书籍
	澳大利亚开放大学	非学历培训	位于悉尼，培训包括财务管理、健康服务等
	德国 Career Partner GmbH	学历教育 网络教育	德国民办教育和人才发展的供应商，全球最大的电子学习供应商
	墨西哥拉丁美洲大学	高中教育 学位教育	获得墨西哥教育部的授权，与墨西哥国立自治大学开展高中教育与本科心理学、法学教育
	Faculdade da Educacional da Lapa	学位教育 网络教育	在巴西提供本科教育和网络培训
	Apollo Global Chile	学位教育 网络教育	在智利提供艺术交流的本科和硕士项目，同时还有网络教育项目和校园服务项目
	Milpark Education	学位教育 网络教育	在南非提供本科教育和网络教育
	印度教育服务股份有限公司	教育服务 网络培训	在印度与 HT Media Limited 和 Indian media company 合作提供教育服务

[1] 阿波罗教育集团年报（2016）整理得到。
[2] 余雪莲，吴岩. 美国营利性大学的办学特点及启示——以凤凰城大学为例 [J]. 教育评论，2006（2）.

子公司	开展项目	概　况
财务规划学院	学位教育	1994年获得北中部院校协会的认证，主要提供金融服务教育
职业发展学院	教育服务	为私立学院和大学提供发展、行政与管理咨询服务，包括学位项目设计、课程开发等
西部国际大学	学位教育	1984年获得北中部院校协会的认证，提供副学士学位、学士学位及硕士学位项目
TIY 学院	非学历培训	提供12周密集的非学历培训，通过培训提高学生信息技术能力

2. 阿波罗教育集团的经营情况。

从表4-3中可以发现阿波罗教育集团自2007年到2016年的经营情况，可以分为两个阶段：阶段一是从2007年到2011年，集团的净收入、总成本、总资产、总负债逐年递增，净收入从2007年的27.24亿美元增加到2011年的47.11亿美元，净利润从2007年的4.09亿美元增加到2011年的5.36亿美元。这一阶段集团的经营状况逐年提高，即便是在2008年发生次贷危机的情况下也未受到太大影响。阶段二是从2011年到2016年，集团各方面的指标基本呈现逐年递减的趋势，2016年的净收入相对于2011年减少了26亿美元，而且净利润从2011年的5.36亿美元下降至2016年净亏损0.9亿美元，阿波罗教育集团的发展陷入困境。

表4-3　阿波罗教育集团经营情况

单位：千美元

年份	2016	2015	2013	2011	2009	2007
净收入	2 101 850	2 566 277	3 681 310	4 711 049	3 953 566	2 723 793
总成本	2 167 443	2 451 333	3 253 896	3 755 191	2 934 742	2 098 096
总资产	2 012 906	2 201 064	2 997 947	3 269 706	3 263 377	1 449 863
总负债	936 312	1 044 091	1 879 938	2 025 717	2 038 764	816 023
净利润	（91 030）	24 295	248 965	535 796	593 830	408 810

注：数据通过2008—2016年的阿波罗教育集团年报整理而得

阿波罗教育集团经费来源构成如表4-4所示。可以看出，阿波罗教育集团的净收入构成包括学费及教育服务费、教育材料费、服务费及其他。学费及教育服务费包括网络教育和校园教育费用，主要是指针对学生提供的教育及服务产生的费用；教育材料费包括通过网络传送给学生的电子材料以及各种各样的书籍、学习文本、课程笔记及 CDs 等费用；服务费主要来源于为私立学院和大学提供教育发展、行政及管理的咨询费用，具体包括学位项目设计、课程开发、市场调查及财务管理等；其他收入是非学费财政收入，如出租教室等；折扣主要是对军队、公司以及其他雇主下调学费等。表 4-4 中阿波罗教育集团收入的 90% 以上来源于学费及教育服务费，其余 6% 以上来源于教育材料费，学费占净收入的比例从 2007 年的 94% 达到了 2016 年的 102%，可以说阿波罗教育集团的收入基本上都依赖于学生的学费。可见学费对营利性高等教育机构的重要性，这与传统的非营利性高等教育机构的收入来源存在很大的差别。

表 4-4 阿波罗教育集团经费来源构成

单位：百万美元

年份	2016		2015		2013	
学费及教育服务费	2 147.0	102%	2 646.4	103%	3 622.8	99%
教育材料收入	186.2	9%	224.4	9%	252.4	7%
服务收入	—	—	—	—	45.6	1%
其他收入	35.6	2%	21.0	1%	42.8	1%
总收入	2 368.8	113%	2 891.9	113	3 963.6	108%
折扣	(267.0)	(13) %	(325.6)	(13) %	(282.3)	(8) %
净收入	2 101.9	100%	2 566.3	100%	3 681.3	100%
年份	2011		2009		2007	
学费及教育服务费	4 549.0	96%	3 815.0	96%	2 553.1	94%
教育材料收入	320.8	7%	226.4	6%	161.0	6%
服务收入	76.5	2%	83.2	2%	73.6	2%
其他收入	23.1	—	28.3	1%	48.5	2%
总收入	4 969.4	105%	4 152.9	105%	2 836.2	2%
折扣	(258.4)	(5) %	(199.3)	(5) %	(112.4)	(4) %
净收入	4 711.1	100%	3 953.6	100%	2 723.8	100%

注：数据通过 2008—2016 年的阿波罗教育集团年报整理而得

阿波罗教育集团营运收入构成如表 4-5 所示。可以看出，阿波罗教育集团的营运收入来源于凤凰城大学、全球教育公司及其他公司。其中，凤凰城大学是阿波罗教育集团最主要的经费来源，2007 年和 2016 年凤凰城大学占阿波罗教育集团净收入的比例分别为 93.17% 和 77.6%，这一占比从 2011 年逐年下降，一方面是因为凤凰城大学营业收入的大幅下降，另一方面是因为成立于 2009 年的全球教育公司迅速发展。全球教育公司成立之初的 2009 年只有 8 914.5 万美元的营业收入，到了 2016 年就达到了 4.3 亿美元，相对于凤凰城大学的下滑而言，全球教育公司为阿波罗教育集团提供了新增长点。

表 4-5 阿波罗教育集团营运收入构成

单位：千美元

年份	2016	2015	2013	2011	2009	2007
凤凰城大学	1 631 412	2 148 312	3 304 464	4 322 670	3 766 600	2 537 800
全球教育公司	433 700	391 217	275 768	272 935	89 145	—
其他	36 738	26 748	101 078	115 444	97 821	186 000
净收入	2 101 850	2 566 277	3 681 310	4 711 049	3 953 566	2 723 800

注：数据通过 2008—2016 年的阿波罗教育集团年报整理而得

3. 凤凰城大学的发展。

如表 4-6 所示，2010—2013 年凤凰城大学的学生构成中，女性学生占大多数，通常占比 65% 以上，同时非裔和西班牙裔学生数量占比不断增加，白种人学生从 2010 年的 51.9% 下降到 2013 年的 47.5%，最为特别的是凤凰城大学 22 岁及以下学生占比为 12% 左右，这与传统高等教育招生存在很大差别，学生主要以 23～39 岁的成年人为主，占比达到 60% 以上，而且 50 岁及以上的学生占比达到 6.5% 左右。众所周知，传统大学和学院主要的受教育群体为 18～22 岁的学生，而阿波罗教育集团将市场定位于 22 岁及以上的成年人，满足在职人员的教育需求，并根据人群特点提供诸如夜间上课、偏重工作实践等内容的教育服务，填补了市场空白，吸引大部分具有工作经验的在职成年人来校学习，这也是阿波罗教育集团取得成功的主要原因之一。

表 4-6　凤凰城大学学生构成　　　　　　　　%

年份		2013	2012	2011	2010
性别	女	66.4	67.2	67.7	67.7
	男	33.6	32.8	32.3	32.3
种族	非裔美国人	29	28.8	28	28.1
	亚裔	3.3	3.2	3.2	3.3
	白种人	47.5	48.7	50.7	51.9
	西班牙裔	14.3	13.3	12.4	11.6
	原住民	1	1.2	1.2	1.2
	其他	4.9	4.8	4.5	3.9
年龄	22 岁及以下	11.2	12.3	12.3	12.1
	23～29	31.8	31.9	32	32.6
	30～39	33.4	32.9	32.8	32.7
	40～49	16.9	16.5	16.4	16.2
	50 岁及以上	6.7	6.4	6.5	6.4

注：数据通过 2008—2013 年的阿波罗教育集团年报整理而得

　　1992 年，在阿波罗教育集团攻读学位的学生数仅仅为 21 163 人，而到了 2009 年增长到了 443 000 人，不到 20 年增长了 20 多倍，可见其发展之迅速。从表 4-7 中可以分析出 2010 年之前凤凰城大学的注册学生数不断增加，注册学生总数 2007 年为 313 700 人，这是阿波罗教育集团注册学生数第一次突破 30 万人，2010 年增加到 470 800 人，学校规模持续扩张。而 2010 年以后的情况则急转直下，注册学生总数到 2016 年下降到 142 500 人，较 2010 年缩减了近 70%。

表 4-7　凤凰城大学注册学生数（第四季度数据）

年份	2016	2015	2013	2011	2010	2009	2007
注册学生数/人	142 500	190 700	269 000	380 800	470 800	443 000	313 700

注：数据通过 2008—2016 年的阿波罗教育集团年报整理而得

4. 阿波罗教育集团资本市场表现。

1994 年，阿波罗教育集团上市，美国完善开放的资本市场为阿波罗教育集团提供了充裕的资金支持。通过分析阿波罗集团的资本市场数据可以发现，在其 1994 年 12 月 6 日上市时每股仅为 0.72 美元，2002 年 5 月 4 日，阿波罗教育集团成为第一家进入标准普尔指数的营利性私立教育机构，市值超过 40 亿美元，实体业绩的增长使其股票价格不断飙升，获得了投资者对阿波罗教育集团持续发展能力的认可。在 2004 年 1 月 1 日，股价达到最高值 93.31 美元，给投资者带来了巨额回报。从 2004 年以后，股价在震荡中下降，2009 年金融危机爆发后曾经逆势回增到 82.07 美元，被华尔街众多投资者誉为"适合任何时期的股票"，但随后不久开始下降，到 2016 年年底维持在 10 美元左右。2017 年 2 月，阿波罗教育集团从纳斯达克退市。虽然阿波罗教育集团已经退市，但其近年来的市场表现吸引了大量投资者投资教育市场，也曾为阿波罗教育集团的发展注入了强大的动力，资本市场成为学费以外的又一重要高等教育资金来源，也为其发展带来了挑战与机遇。

二、阿波罗教育集团的退市与私有化

随着生源数量的下降，股价持续下跌，阿波罗教育集团经营之路日益艰难。2017 年 2 月，阿波罗教育集团被阿波罗全球管理公司等投资基金收购，交易价格为 11 亿美元，根据合并协议的条款，阿波罗教育集团作为母公司的全资子公司存续，从纳斯达克退市，实现私有化，由公众公司变为私人公司。上市公司退市就是指出于各种原因，上市公司的股票在证券市场终止交易的行为。目前，从全球范围来看，根据上市公司退市时是否自愿可以分为自愿退市和被动退市两种。被动退市是由于公司不再符合证券市场规定不能进行挂牌交易，被交易所或者监管机构宣布退市。阿波罗教育集团的退市属于自愿退市，它是出于自身利益的考虑，采用私有化的方式主动退出证券市场交易。私有化是资本市场一种特殊的并购操作，实质就是阿波罗全球管理公司作为大股东发起的收购活动，全数买回小股东手上的股份，最终使阿波罗教育集团退市而成为大股东的私人公司。造成公司退市的原因千差万别，不同行业也存在不同的行业因素，阿波罗教育集团作为全球知名的教育公司，其退市原因与下面的因素密切相关。

1. 生源数量持续下降是阿波罗教育集团退市的直接诱因。

从 2010 年起，凤凰城大学注册学生数持续大幅下降，这就意味着作为学校主要收入的学费大幅削减，凤凰城大学作为阿波罗教育集团资金来源最大的贡献者，一旦失去了学生也就意味着失去了资金，失去了营利途径。究其原因，一方面，阿波罗教育集团为了扩大生源，采取激进措施进行招生，生源质量不佳导致很多学生难以毕业或者毕业了就面临着失业，学历的含金量急剧缩水，形成了恶性循环；另一方面，阿波罗教育集团网络学习模式老化，在刚刚起步阶段作为新兴模式能够引起学生的兴趣获得成功，然而随着时间的推移，这种模式对新生代学生吸引力降低，同时发端于 2012 年的慕课（MOOC）风潮给阿波罗教育集团网络教育带来更大的冲击，像 Coursera、Udacity、edX 等知名网络课程，不仅师资强大，质量优越，而且费用低廉，给原有公司网络教育业务带来巨大的冲击，最为直接的体现就是生源急剧减少。

2. 高等教育政策的影响是阿波罗教育集团发展的根本原因。

美国具有完善的政策法规体系作为社会运转的基础，高等教育政策是美国联邦政府干预高等教育的重要工具。分析阿波罗教育集团的崛起与发展，不难发现教育政策对营利性高校的发展至关重要。由于营利性大学没有政府的直接拨款，其办学经费主要依赖于学费，所以以低收入人群为主要服务群体的营利性大学，其学生能否获得政府的经费支持决定了营利性大学的发展。营利性大学快速发展是在 1972 年国会通过《高等教育法》修正案以后，原因就在于这个法案大幅提高了对学生直接资助的力度，增大了低收入家庭学生的佩尔助学金资助力度，最重要的在于这一政策同样允许进入营利性大学的学生进行申请。除了《高等教育法》规定的资助项目外，联邦政府还为现役军人、退伍老兵及他们的家属提供了国防奖学金资助项目，如"后9.11GI"法案等。阿波罗集团大量的财政收入来源以联邦贷款和佩尔助学金为主。例如集团90%的收入来源于凤凰城大学，而凤凰城大学学费收入中83%来源于联邦政府的资助项目，其中联邦贷款占比77%，佩尔助学金占比23%。但是，由于凤凰城大学学生竞争力逐年下降，毕业后往往无力偿还贷款导致违约，所以联邦政府削减了佩尔助学金的数额，使得凤凰城大学的学生获得联邦资助的金额减少，影响了集团的资金来源，使得集团的运营更加困难。

3. 高等教育在资本市场的"反周期"现象也是重要原因。

高等教育在资本市场的"反周期"（Counter-cyclical）现象主要是指高等教育与经济发展之间存在负相关的关系。当经济处于上升期，人们更多地倾向于就业的时候，高等教育会出现下行的趋势，高等学校的入学人数会相应减少。[①]当经济处于下行区间，市场萎缩，失业率上升的时候，人们会更多进入高等学校学习，高等教育反而会出现较快的增长。阿波罗教育集团的营运收入在一定程度上证实了"反周期"现象。从市场来看，2008年美国爆发次贷危机，凤凰城大学的学生数量逐年增加，从2010年经济复苏开始至今学生数量年年递减。随着学生需求总量减少，招生指标减少，很快出现业绩下滑的趋势，资本市场也日渐乏力。

4. 不排除阿波罗教育集团谋求再次上市的可能性。

上市公司之所以选择私有化，其中存在多方面的影响因素，比如公司战略、机构调整与重构，运营管理费用偏高，规避管制，国家发展需求等。阿波罗教育集团退市最主要的原因是其股价在市场上估值不高，如果任由股价长期低迷，通常会给集团带来负面影响，可能面临着退市的威胁。为了提升公司价值，由阿波罗全球管理公司等私募基金对股票进行回购，进行私有化处理，私有化并不是简单的对资源的重新分配，而是一个价值重估和增值的过程，退市之后，公司后续还可以选择重新上市。在美国这种成熟资本市场私有化是很常见的上市公司重组行为，

① 高晓杰. 美国营利性私立高等教育与资本市场［M］. 第1版. 广州：广东高等教育出版社，2008.

而且通过私有化方式再上市的方式，我国国内也有很多案例，比如中概股回归国内就是类似的操作。阿波罗教育集团私有化本身没有好坏之言，私募基金看重的是阿波罗教育集团的未来，经过重组后未来发展是向好的，所以才会投资把股票买回来，而且私有化以后不需要再发公告了，在政策相对宽松的情况下，其营利性肯定会向好发展。

三、美国营利性大学的发展对我国的启示

美国营利性大学在其漫长曲折的发展过程中，虽然长期处于高等教育的边缘地位，但近 40 年来已成为美国高等教育的一个亮点，然而最近又面临新的危机。凯文·凯利对营利性教育机构的评价还是比较客观的，他认为营利性教育机构的存在弥补了传统高教机构留下的巨大空间，提供了公立学校和私立非营利性学校忽略的教育服务。同时他也批判了疯狂颁发商业化大学学位的营利性机构，但是认为这些营利性机构并不是一开始就具有这样商业化的特质。[①]2016 年 12 月，我国修订后的《民办教育促进法》已经颁布，但是时至今日《民办教育促进法实施条例》尚未出台，可见民办高校分类管理的具体细节涉及多方利益的博弈，修订过程中需要考虑的因素很多，美国营利性大学的发展可以给我们一些启示。但在借鉴美国营利性大学崛起经验以及危机教训之前，我们一定要看到我国营利性大学的出现以及发展与美国营利性大学发展是有所差别的（如表 4-8 所示）。

表 4-8　美国营利性大学与我国未来营利性大学的异同比较

比较类别	相同点	不同点
办学起点	多数由个人或者公司投资办学，办学之初为非学历性的培训机构	美国直接设置为营利性大学；我国通过分类管理选择登记为营利性大学
产权问题	举办者最为关心的问题	美国产权非常清晰；我国由于历史原因，产权问题复杂，尚未理顺清楚

① Kevin Carey. Why Do You Think They're Called For-Profit Colleges？［N］. The Chronicle of Higher Education，2010-07-25.

续表

比较类别	相同点	不同点
学校管理	董事会是最高决策机构，校长负责具体学校管理	美国多以职业校长管理为主；我国部分大学董事长也是校长，正处于转型阶段
师资力量	普遍偏弱	美国多以兼职教师为主；我国师资队伍呈现年老与年轻两极分化
招生情况	生源是学校发展的生命线，存在一定程度的虚假宣传	美国招生没有年龄的限制，年龄跨度较大，而且招生规模大；我国学生年龄以 18～22 岁为主，招生规模统一规划
人才培养	多定位于职业型、技能型、应用型	美国紧密联系市场，按市场需求培养；我国追求大而全，特色不鲜明
教学方式	讲授为主	美国以网络教学为主，并且多在晚上或者周末授课；我国与公立大学差别不大，但是部分基础课程采取网络授课
管理者薪酬	较公立大学和非营利性大学高，薪酬较有弹性	美国较高，多为年薪制；我国地方政策对薪酬作了限制性规定，相对较低
资本市场	非常看重资本市场，是营利性大学资金来源的重要渠道之一	美国营利性大学上市的比较多，但目前出现了危机；我国多采取 VIE 架构在香港上市，数量有限
社会认可度	普遍偏低	美国营利性大学发展之初社会认可度相对较高，但逐渐降低；我国从开始对营利性大学就存在偏见
税收政策	积极谋求政府的支持力度	美国按照企业税收政策征收，弹性较小；我国针对营利性大学税收优惠政策力度更大，但目前还不完善
风险控制	都有严格的风险控制体系	从美国营利性大学倒闭潮来看，风险控制较差；我国由于政府限制较多，风险相对较小
国际化程度	都谋求较高水平的国际化，扩大国际影响力	美国国际化程度高，不仅吸收国际学生，而且到其他国家办学；我国营利性大学国际化尚处于起步阶段

通过与美国营利性大学的比较，我国营利性大学虽然起步晚，但我们的起步比较稳健，而且有其肥沃的土壤，具有后发优势。但就营利性大学的困局而言，我国与美国又面临着相同的处境。目前我们已经取得了符合国情、符合民办高校发展特点的政策性突破，下一步积极研究营利性大学产权结构、资本来源、税收政策、土地政策、上市发展等，可以探索出一条具有时代特征的民办高等教育办学之路。

第一，要实现对营利性大学的理念转变。从表 4-8 中，我们可以知道不论是美国还是我国，社会对营利性大学的认可度普遍较低，二者的区别在于美国具有较为完善的自由市场经济体系，所以在发展之初，美国对营利性大学的认可度还是比较高的，而且给予了大力的支持，但是由于其自身发展的问题，导致认可度逐渐降低。我国传统的教育理念中对学校的营利行为普遍持怀疑和否定的态度，认为教育如果以营利为目的，将会出现教学质量低下、教育经费难以保证、办学者对利润的过分追逐等问题，不利于教育的长远发展，不符合我国传统的教育理念。但是，我们应该认识到营利性大学是市场经济发展的必然产物，其教育的公益性并不会在市场化的浪潮中消失，不会因为高校的营利性而使其正外部性消失，在市场调节与政府监督的双重保障下，营利性大学的积极作用将会得到充分的发挥。由营利性与非营利性高等教育构成的高等教育体系是高等教育长远发展的重要保障，二者协调发展、相得益彰，将是 21 世纪高等教育发展的一个鲜明特征。

第二，要进一步加强政府的支持力度。通过美国营利性大学发展的曲折历程可以发现，学校的发展离不开政府政策的支持。美国民主党与共和党对待营利性大学的态度也是不同的，以奥巴马为执政者的民主党对营利性大学进行严格监管和审查，而以小布什、特朗普为执政者的共和党则对营利性大学持鼓励态度。比如，2017 年年初特朗普上台后，逐渐放弃奥巴马政府时期对营利性大学的严格审查的做法。包括德沃斯在内的特朗普政府成员已经多次公开声明支持美国营利性高等教育机构的发展，同时也直接取消了奥巴马时代对助学贷款学生的保护。[1]我国的民办高校，虽然在政策层面规定具有与公办高校同样的法律地位，但实际过程中民办高校的发展受到诸如经费、生源以及师资等多方面的制约。我国营利性大学正处于起步发展阶段，在制定地方配套政策时，要认识到虽然创办营利性大学具有一定的风险，但应该鼓励大胆探索创新，吸收借鉴国外营利性大学的发展经验，结合地方实际，制定出与我国实际情况相符的发展政策，尤其是在土地政策、过渡期限等方面给予支持，促进营利性大学的健康发展。

———————————

① 罗伯特·罗兹，梅伟惠. 特朗普时代的美国高等教育政策：六大要点 [J]. 全球教育展望，2017（8）.

第三，探索营利性大学多渠道融资的途径。办学经费一直是困扰我国民办高校发展的难题，一方面是资本市场不够完善，经费来源渠道比较有限，另一方面是我国民办高校的产权问题不清晰，投资者往往也不敢将大量资金投入到学校的发展中。因此，要将登记为营利性高校的产权问题界定清晰，这是营利性大学更好地融资的前提，而后支持利用 BT、BOT、企业债券、项目收益债、中期票据等融资工具投入学校项目建设，实现多渠道筹措办学资金。目前，我国民办高校主要采取 VIE 架构在香港上市，股价受政策的影响较为明显。一定要通过分类管理理顺这种关系，并探索营利性大学在我国主板上市的途径。同时，鉴于资本市场的风险性，还要进一步完善营利性大学风险防范机制，防止由于股市的动荡或者金融危机的爆发而导致像美国营利性大学一样的大规模破产的局面，加大对广大学生、教职工的权益保护。

第四，探索营利性大学的特色办学道路。我国营利性大学与美国一样，办学起点都比较低，都以培养职业型、技能型和应用型人才为主，因此当前要寻找特色办学之路。然而，目前我国的民办高校存在盲目追求综合性发展的认识误区，不考虑学校的实际情况开设热门专业，导致在师资不足的情况下出现教育质量低下的问题，既没有实现学校的特色发展，也没有提供满足学生需求的教育。我国营利性大学在分类管理的背景下，难免会经过一段时间的阵痛期，经历从不被认可到逐渐被接受的转型过程。在这个阶段要抓住机遇，贯彻落实 2017 年 12 月发布的《国务院办公厅关于深化产教融合的若干意见》，深化"引企入教"改革，实现企业参与学校专业规划、教材开发、教学设计、课程设置、实习实训等多种方式的融合。营利性大学一旦形成了独特的办学理念、办学方针、办学特色，形成良好的社会声誉，就会被社会接受并认可，而后可以进一步扩大办学规模提升影响力，形成良性发展，引领民办教育发展新浪潮。

第五章 我国民办高校分类管理的路径选择

自 2017 年 9 月 1 日修订后的《民办教育促进法》正式施行以来，对于 480 余所独立设置的民办高校与 260 余所独立学院来说，是否营利的属性不能再模棱两可，选择营利性还是非营利性是摆在 740 余所民办高校面前的一道必选题。截至 2018 年年底，虽然已经过去一年多的时间，但目前尚无一所民办高校就营利性还是非营利性的路径作出选择。经过长期的理论探讨与政策调整，民办高校营利抑或非营利进入依法实操阶段为什么依然难以抉择？是哪些因素影响了民办高校的选择？

针对这种情况，笔者就民办高校分类管理中的一些问题进行研究，分别在 2018 年 7 月国家教育行政学院举办的"民办教育分类管理专题研修班"、2018 年 10 月"中国民办高等教育改革发展（信阳）论坛"、2018 年 11 月"中国独立学院协作会年会暨全国独立学院第十三次峰会"、2018 年 11 月国家教育行政学院举办的"第一期民办高校董事长、校长高级研修班"中展开调研，针对来自不同省份、不同类型、不同层次的近百名董事长、理事长、校长、一线教师等进行访谈，召开座谈会，探寻民办高校路径选择方向及影响因素；同时，访谈教育部相关业务司局以及省级教育行政部门，探寻系列政策的目标及地方政府的配套措施；此外，访谈国内民办高等教育的专家，探讨民办高校未来发展策略等。这些访谈内容为本书提供了较为翔实的依据。

第一节　路径选择的四种倾向

从访谈调查中发现，目前民办高校营利抑或非营利路径选择大体可以分为四种情况：一是继续选择非营利性民办高校。在分类管理前，所有的民办高校都不能以营利为目的，所有的高校都定性为非营利性民办高校；在分类管理后，由于历史原因，很多学校举办者希望继续沿用这种办学模式，继续积极投入教育公益事业，为我国高等教育发展做出贡献。其中，河北某高校校长表示："河北省大多数高校倾向于选择非营利。"此外，河南、重庆、吉林、浙江等地多数高校也倾向于选择非营利。

二是选择登记为营利性民办高校。这类举办者认为无论从办学历史还是未来考量，民办高校本质上来讲是追求利润的，只有选择营利性才能进一步激发办学的主动性和积极性。有位被访谈者表示："选择营利性可能是部分民办高校的出路，目前很多高校选择非营利性均是因为动机不纯。我认为选择营利性是更好的选择，绝大部分创办人都是一砖一瓦将学校建立起来的，'挂羊头卖狗肉'进行不下去。陕西最早是一边倒选择非营利，现在我校肯定选择营利性，我校不需要担心资金支持，但需要保障法人财产权利。我建议有条件的高校选择营利性。"除了陕西的部分举办者选择营利性高校外，调查中北京、上海、广东等发达地区也有部分高校选择营利性办学。

三是在营利性与非营利性二者中犹豫不决，持观望的态度。针对"贵校选择营利性还是非营利性"的问题上，被访谈者回答最多的是"这个问题比较复杂，我们学校还没有最终确定，目前正在观望"。如江苏的一位举办者表示："江苏省对非营利性高校支持力度很大，出台了针对非营利性高校财政补贴的文件，我所在的学校之前一直打算选择非营利。但是,在管理模式和举办者权益方面存在很多顾虑,地方政策非常不明朗,在没有说清营利和非营利区别之前,学校打算继续等待,等地方政策明朗之后再选。"据笔者调研分析,目前相当一部分民办高校在路径选择上保持观望、犹豫不决,不到最后期限不会作出最终的决定。

此外,除了上述三种情况,还存在一种极为特殊的情况,就是集团化办学。集团中有多所高校,而且这些高校分布在不同的省份,办学历史、学校财产情况、生源状况均存在较大差异。如被访谈者表示:"我们集团旗下有多所高校,针对目前的情况,我们计划'不将鸡蛋放在同一个篮子里',针对不同地域的高校分类选择,有的高校选择营利性,有的选择非营利性。"在这种背景下,我们不能仅仅从表面看民办高校到底是选择营利性还是选择非营利性,还要分析影响民办高校作出选择的影响因素,探索高校不同办学模式的选择趋势,进一步推动我国民办高校分类管理改革的顺利实施。

第二节 五种类型民办高校路径选择的调查分析

总结我国民办高校 30 多年的发展历程,可以发现每一所民办高校都有其发展的独特之处。目前,740 多所民办高校已经走到了一个新的发展阶段,归纳起来可以将民办高校划分为"单体办学""集团化办学""上市公司办学""独立学院办学""高水平办学"五种基本类型。在民办高校分类管理路径选择中,应充分考虑民办高校的"一校一样",充分认识到修订后的《民办教育促进法》实施要求的"一省一规",探索不同类型的高校选择不同路径的深层次原因,这将给民办教育打开更多发展空间、政策空间、资本空间。

1. 单体办学民办高校的路径选择。

从我国民办高校的兴起与发展来看,很多举办者往往是白手起家或者举债创办了一所民办高校，并将其一生奉献给所举办的民办高校。单体办学民办高校举办者最显著的特点是举办者没有其他产业，而且家族很多成员都参与到学校的运营与管理之中，提高学校办学水平成为其家族的事业追求。对于这类民办高校而言，选择营利抑或非营利成为一个艰难的选择。一方面，很多民办高校的创始人很希望自己从管理层退出后安排其子女接班，将民办高校的管理逐渐演变成家族式管理。但如果选择为非营利性民办高校，根据修订后的《民办教育促进法》第十九条的规定"非营利性民办学校的举办者不得取得办学收益，学校的办学结余全部用于办学；营利性民办学校的举办者可以取得办学收益，学校的办学结余依照公司法等有关法律、行政法规的规定处理"，意味着举办者将变成为捐资办学，有可能会失去对学校的控制权，这成为举办者最大的顾虑之一。有人说："对很多二代接班人来说，民办教育促进法很可能并没有起到促进的作用，强烈呼吁对民办教育举办者予以公平对待。"另一方面，对于单体办学民办高校而言，学费是其最大的资金来源渠道，不像上市公司举办的民办高校那样背后有巨大的财团支持，如果选择营利性民办高校，不考虑税收政策，仅仅土地出让金一项就可能达到几个亿，一旦出现资金链断裂，不仅会影响学校的安全稳定，而且会给我国民办高校的发展蒙上一层阴影。分类管理背景下，可以说单体办学民办高校举办者是最为纠结的一个群体。

2. 集团化办学民办高校的路径选择。

由于较好的发展势头，民办高校受到社会资本的青睐。对民办高校投资主要有三种投资类型：企业投资、个人投资和基金投资，投资的主要目的是为自身企业服务及将办学作为一种营利方式。社会资本的多样化，加速了教育行业与不同行业的相互碰撞，在整体上促进教育的探索与优化，集团化发展的倾向愈加明显。目前，已经形成了几个以民办高校为主体的教育集团，比如规模较大的北方大学国际联盟。这个联盟由北方集团投资，旗下包括南京理工学院、首都师范大学科德学院、武汉工程科技学院、温州大学城市学院、成都文理学院、重庆大学城市科技学院、上海立达职业技术学院、云南师范大学商学院等近 20 所高校，旨在"互相协作，共同提高办学水平，不断推动国际化办学进程"。在分类管理背景下，《民办教育促进法实施条例（修订草案）（送审稿）》第十二条对已经客观存在的集团化办学行为予以认可，并规定"实施集团化办学的，不得通过兼并收购、加盟连锁、协议控制等方式控制非营利性民办学校"。这条规定的目的在于不允许集团化办学通过直接或间接形式控制非营利性民办学校，避免集团化办学既享受非营利性民办学校的办学优惠政策，又实现集团营利的目的。因此，对于集团化办学而言，将面临两种路径选择：一种是将集团名下的高校选择为营利性，规避集团化办学法律法规限制的风险；另一种是由于种种原因，将集团名下的部分高校选择为非营利性，那么在《民办教育促进法实施条例（修订草案）（送审稿）》的规定下，意味着要对集团化办学进行拆分，通过技术手段实现合法合规。在访谈过程中，一位山东的举办者表示："目前集团中第一所学校由于土地、师资等原因，不得不选择为非营利性。但是，最近新建的一所高校有可能选择为营利性，因为土地都是自己购买的，而不是划拨的。在技术手段上可以对集团化办学进行调整，规避法律风险。"

3. 上市公司举办民办高校的路径选择。

在集团化办学的基础上，利用规模效应，目前已经有多家举办民办高校的教育集团正式上市，如宇华集团、新高教集团、民生集团等。菲利普·阿尔赫巴特曾说："营利性高等教育已经成为一个重要的全球现象，而且它还会继续扩张。高等教育体系应加以调整，以适应这一趋势。"在新法新政的背景下，上市公司举办的民办高校倾向于选择为营利性，因为上市公司就是以营利为目的的，不能再"以非营利之名行营利之实"。有的举办者明确表示："如果新《民办教育促进法》配套措施落地，最大的冲击就是大批量的职务犯罪，现在是新时代，要抛弃上有政策下有对策的理念，预防认识上的不到位，避免成为法律的违反者。"同时，倾向于选择营利性的上市集团，在各种会议、研讨以及调研中呼吁在政策上给予营利性高校更多的优惠与支持。如有位举办者表示："不管公办民办都是党办，不管营利非营利都有公益。目前非营利的支持政策已经很明晰了，但营利性的政策不都是扶持，更多的是在规范。希望在税收、土地政策方面给予营利性高校更大的支持。"

4. 独立学院的路径选择。

在民办高校这五种办学类型中，如果说单体办学举办者路径选择最为纠结，那么独立学院举办者路径选择最为复杂，因为独立学院自身的"独特性"无疑加大了分类管理政策实施的复杂性。目前独立学院的办学模式可以归纳为"公办高校+企业"模式、"公办高校+地方政府"模式、"公办高校+企业+政府"模式和"公办高校自办"模式等，要理清独立学院的转设问题都非常复杂，更遑论独立学院路径选择的问题。调查中有的学者表示："一些民办学校举办者在政策中找不到他们期待的答案，对政策如何实施依然有焦灼的情绪。"其中几个比较核心的问题是独立学院如何尽快完成转设，独立学院转设与分类管理是否需要同时进行，资本市场购买独立学院的意愿十分强烈等。调研时有的人表示："当前不少企业家都盯着独立学院，目的在于收购独立学院，选择营利性，然后打包上市，获取更多的资本。"因此，只有妥善处理好这些问题，独立学院在分类管理的路径选择上才能更加明朗。

5. 高水平民办高校的路径选择。

众所周知，我国民办高校依然存在法人治理框架不清晰、不稳定，教育质量有待提高、特色不够鲜明等问题，特别是与美国私立高等教育相比，我国高质量民办高校依然缺失。2018 年 2 月 14 日，由教育部正式批复同意设立的西湖大学，是以多位企业家捐赠的中国第一所民办高等研究院（浙江西湖高等研究院）为依托主体转化而来，也是浙江省杭州市提出并筹建的一所私立研究型大学，秉承"高起点、小而精、研究型"的办学定位，不仅助力高等教育内涵发展，而且为非营利性民办高校的多元化发展提供了思路。高等教育的发展需要大量的经费支持。高端化、国际化、个性化民办高校也可以做的，但教育经费支持往往只限于选择非营利性的高校。有位民办高校校长指出："在我所在的地区，共有 4 所公办高校和我们 1 所民办高校，在科研经费问题上，2017 年最低的公办高校也有 8 个亿，即便我把学校 2017 年所有学费都投入到科研中，也只有 1 个多亿，这对于公办学校来说是杯水车薪。"所以，如果要创办高水平的民办高校只能选择非营利性，这样才能集社会资金、国家资金于一体。

第三节　民办高校分类管理路径
选择的影响因素

1. 同等法律地位与差别化扶持政策。

影响民办高校举办者路径选择犹豫不定的因素很多，其中最为关键的两个点分别是"同等法律地位"与"差别化扶持"政策。《民办教育促进法》第五条第一款规定："民办学校与公办学校具有同等的法律地位，国家保障民办学校的办学自主权。"《国务院关于鼓励社会力量兴办教育促进民办教育健康发展的若干意见》中规定："实行非营利性和营利性分类管理，实施差别化扶持政策，积极引导社会力量举办非营利性民办学校。"从政策基调的角度分析，国家对民办教育持明确鼓励态度，更倾向于支持民办学校选择非营利性学校。然而对于高校举办者而言，当然会有更多元的考虑，在某种意义上民办高校营利抑或非营利的路径选择很大程度上取决于政策的支持力度的强弱。当下，《民办教育促进法》和《国务院关于鼓励社会力量兴办教育促进民办教育健康发展的若干意见》对政府财政政策、土地政策、税收政策等都提出了原则性要求，但规定过于宽泛模糊，新修订的《民办教育促进法实施条例》尚未最终公布，需要地方政府制定的具体政策尚不清晰，所以对于民办高校举办者而言很难作出最终抉择。调研中，有的专家学者表示，"一些地区对分类管理改革存在政策看不透、思路理不清、办法找不准的现象，很多地方对政策创新的探索有恐慌"。可以发现，政府在土地政策、税收政策等方面的差异化程度将会影响到民办高校最终的路径选择。

2. 举办者的办学情怀与主观因素。

我国民办高校的发展在法律法规变迁过程中经历了三个阶段：即不以营利为目的，不能分配办学积累的阶段；不以营利为目的，但可以取得合理回报的阶段；以及当下可以选择营利性民办高校的阶段。举办者办学的心路历程也随之不断变化。一位高校举办者谈到，"要尊重举办者的教育情怀。可能举办者最初都没有什么教育情怀，办学多年之后的确产生了教育情怀，当下很多高校的举办者赚钱并不是留给自己，而是真心希望学校越办越好"。可见，改革开放 40 年，随着经济的高速发展，社会各界以公益性为目的举办民办教育的动机和能力在增强，非营利性办学已经成为一些企业家的现实追求。

然而，有的人并不认同选择非营利性高校的举办者就是具有办学情怀的，而选择营利性高校的举办者就不具有办学情怀，二者并不是对立的。"举办者基于纯粹民办学校的情感和情怀深厚，选择公益性办学非常笃定，但是对于选择非营利性仍然有较深的忧虑。学校聘请的校长往往能够按照教育规律办事，但有'打工者'的心态，而举办者以学校长远发展为出发点，视学校如自己孩子一般精心呵护。如果选择非营利性以后，举办者可能动力会下降，非营利会倾向于公办化，政府给的资源越多，公办化趋势越明显，从而失去了民办高校的灵活性。"举办者群体有一定的教育情怀，对学校有较深的情感，积累了较为丰富的办学经验，不能忽视举办者对民办高校分类管理路径选择的主观因素，这往往会起到决定性的作用。

3. 民办高校办学的实际情况。

我国民办高校正处于转型发展的关键期，之前取得了长足进步，实现了从无到有，从少到多，从小到大。但是，毋庸讳言，民办高校也存在着一些不足，最为关键的是并没有实现从弱到强的转型，绝大多数民办高校法人治理结构不清晰，教育教学特色不鲜明，高水平的民办高校还相对缺乏。必须用理性的思维和科学的方法对分类管理的路径选择作出判断，才能保证学校的健康稳定发展。一方面，学校的土地问题是分类管理选择最为关键的一环，《国务院关于鼓励社会力量兴办教育促进民办教育健康发展的若干意见》规定："实行差别化用地政策。民办学校建设用地按科教用地管理。非营利性民办学校享受公办学校同等政策，按划拨等方式供应土地。营利性民办学校按国家相应的政策供给土地。"如果学校用地是学校自有土地，那么对于学校选择营利性还是非营利性影响较小。但是，如果学校用地是采取划拨的方式获得的，那么在选择营利性高校时将面临一定的风险。因为各省在营利性高校土地政策支持程度上存在差异，部分省市可以划拨土地，部分省市需要学校出资购买，如果需要补缴土地出让金，这将是一笔巨额支出，按照市价计算普遍在数十亿元到百亿元人民币。

另一方面，选择营利性民办高校的举办者，往往是出于将学校在家族内传承的因素作出的决定，可以预见现在和未来几年面临"高校二代"接班的民办高校会占越来越大的比例。这样有一个十分现实的问题需要考虑，二代接班人在对学校感情上难以与初创一代相比，二代接班人的资历、办学理念等也难以与初创一代相比。在对一位"高校二代"的访谈中，被访谈者表示："在分类管理选择中，面临诸多冲突与矛盾、焦虑与压力、担心与忐忑，在分类选择上带来极大的不确定性，希望教育管理部门能够考虑到这个问题。"所以说民办高校在作出营利性与非营利性选择时，要考虑到学校面临的实际情况以及未来发展的策略。

4. 民办高校的竞争力。

民办高校最主要的经费来源是学生的学费，只有具备足够的竞争力，才能保持稳定的生源。有位研究者表示："举办者选择营利性民办学校以后，需要缴纳增值税、企业所得税、房产税等多项税费，相对于目前的无税状态，初步估计将大幅提升办学成本30%以上。如果没有特别的税收优惠政策，将会大大削弱营利性民办学校的市场竞争力。"分类管理后，民办高校的发展条件和竞争环境都在改变，原有的粗放的作坊式发展已经不再有发展的空间，尤其是选择营利性的民办高校的举办者，要考虑将学校置身于市场中，是否具有充足的竞争力在新的起点促进学校的新发展？是否具有充足的竞争力应对市场风险？可以从以下三个方面考虑：一是学校的办学特色是否具有吸引力，民办高校最大的特点是以培养应用型人才为主，是否与市场紧密联系，人才培养能否满足市场需求至关重要。二是要充分考虑学校的区域位置。一方面，如果同在一个省份的其他高校都选择了非营利性，那么只有一所高校选择营利性的风险将会比较大，家长和学生的认可度将会受到极大影响。另一方面，如果处于较为发达的地区，学费相对较高，比如北京有的民办高校提供多样化、个性化和特殊化的专业，仅学费就高达 69 800 元/学年，而且生源比较充足，在这种受到市场认可的情况下选择营利性，学校具有较为广阔的发展前景；但是，如果地处经济相对落后的地区，难以收取高额的学费维持学校的运转，加之又以医学、工科等重投入为主要专业，这种情况选择营利性高校将会带来很大的办学风险。三是办学层次也是选择营利性与非营利性属性的影响因素之一。当下高职院校的吸引力相对较弱，如果选择为营利性民办高校，要充分考虑到选择后的招生问题。有一位民办高职院校的校长谈道："本科与职业学院在招生方面存在很大差异，本科层次的招生很容易，但高职院校的招生成本很高，民办高职招生更加困难。举办者应多考虑高职招生难度问题，否则高职发展空间有限。"

第四节 加快推进分类管理路径选择的对策建议

一、进一步完善分类管理政策，推动政策的贯彻落实

民办高校的分类管理政策已经确定并实施，从中央政府的政策推进力度来看，无论是政策法规出台的频率，还是执行速度和强度，无疑都希望实现民办高校分类管理尽快平稳过渡。但是，在相关政策尚未完全明朗的情况下，民办高校很难作出营利抑或非营利的选择。调研时有的

人提出："实施条例尚未出台，很多配套文件没有出来，比如地方的法规，民办高校期待更加完整更加充分的政策，扶持也好，规范也好，全部政策到位和配套之后，再让大家选择，是否可以不那么紧迫，否则非常可怕。"通过分析，不难发现目前推动分类管理改革贯彻落实的政策难点在于两个方面：一是对于一些专属中央立法才能解决的问题，须作出尽可能明确的或者是导向性的规定，如《民办教育促进法实施条例》尽快出台、相关税收政策的完善；二是需要地方政府出台更多具有可操作性的方案。由于我国东部和中西部在经济发展、社会力量以及教育水平之间存在较大差异，不同省份在分类管理改革的政策法规方面自然会有所不同，要做到地域性和统一性的结合。

二、弱化民办高校性质之争，回归提高质量的本质

在分类管理改革中，虽然社会各界仍然在一些观点上存在分歧，不同类型民办高校举办者的态度也各有不同。但是，我们必须认识到无论是公办高校还是民办高校，无论是营利性高校还是非营利性高校，教育质量始终是影响学校生存发展的决定性因素。教育部门的官员在公开场合曾表示："教育具有公共属性，在未来发展中无论资本如何参与教育，无论教育怎么发展，教育都要将公益性摆在第一位，决不能成为纯粹逐利的市场行为。"我们必须重新定位民办高校的特性，弱化营利性与非营利性性质之争，回归到提升民办高校办学质量的轨道，走出教育的公益性与营利性相互矛盾的认识误区。新法新政实施后，充分运用民办高校资本集聚的优势，营利性民办高校打通融资渠道，非营利性民办学校尽可能扩大捐资、捐赠渠道和争取政府财政支持，通过资本积累，推动民办高校管理改革、教学创新，从而提升人才培养质量。

三、做好顶层设计，加快独立学院转设

独立学院作为民办高校分类管理改革中最为复杂的一个群体，地方

政策难以推动独立学院转设与分类管理的顺利推进，这需要教育最高行政部门乃至中央层面的顶层设计。调查中，教育行政部门表示："目前正在做独立学院转设工作的摸底调查，预计 2020 年完成独立学院的转设工作。"2018 年 5 月，发布了《教育部办公厅关于开展独立学院基本情况问卷调查的通知》，要求各地高度重视本次问卷调查工作，确保全覆盖无遗漏，全面梳理独立学院发展的基本情况、面临的重大问题和突出困难，了解举办者、教职工、学生、社会相关方面对独立学院发展的意见建议，找准制约发展的体制机制问题，提出未来发展的路径政策，指导独立学院健康发展，这可以间接印证教育行政部门正在积极推动独立学院发展的相关工作。此外，2018 年 12 月 27 日，教育部办公厅发布《关于做好 2018 年度高等学校设置工作的通知》，要求鼓励支持独立学院转设。坚持把独立学院转设摆在高校设置工作的首要位置，各地要逐一梳理、系统分析本地区每所独立学院的办学实际情况，坚持分类施策，制定独立学院转设的时间表和路线图，积极推动独立学院能转快转、能转尽转。列入"十三五"高校设置规划的独立学院转设优先申报；未列入规划的，中期调整时优先支持列入规划。独立学院转设申报不受年度申报计划限制，成熟一所、转设一所。

同时，被调查的独立学院相关负责人也表示："关于 2020 年独立学院全部完成转设，在其他场合也得到消息，希望教育部提前布局和安排，明确给出时间表，重新修改转设条件，形成具有操作性的制度性文件，更大程度给予政策支持，针对不同地方转设不均衡现象，建议要有一定的制度性安排和路线图。"此外，关于是先转设还是先进行分类管理改革的问题，对于少数产权比较清晰，学校治理结构比较完善的民办高校，可以同时推进转设问题和分类管理的问题；而对于大多数独立学院而言，首先应该进行的是完成转设问题，明确是转设为民办普通高校，还是"回归"母体高校，或者是终止办学等，而后对选择营利性还是非营利性的办学路径进行统筹规划，唯有如此才能推动独立学院的平稳顺利转设与分类管理改革。

四、营造民办高校发展的良好社会环境，在"社会抵触现象"中突围

回首我国 30 多年来民办教育的发展史，就是一部不断改革创新、锐意进取的历史，就是一部不断适应社会经济发展的历史，就是一部逐渐受到公众认可的历史。社会对一所学校好坏的评价已经从最初的依照公办学校、民办学校来加以区分转变为以学校教育质量好坏来区分。决定一所学校是否被社会认可已经不是看营利性还是非营利性，而是看它能否为社会提供优质的教育服务。目前，这种现象在幼儿园、中小学已经普遍存在，虽然都是收费较高的，但是受到社会一定群体的认可。然而，民办高校受到社会高度认可的相对较少，尤其是如果选择营利性民办高校，有可能陷入"社会抵触现象"中。因而，要探索民办高校与公办高校差异性发展，在高端化、国际化、个性化上下功夫，同学前教育和基础教育一样，在高水平办学中走出一条新路。此外，为了克服营利性民办高校客观上生存环境先天不足的情况，必须用理性的思维、科学的方法对其进行管理和引导，保证营利性民办高校的健康稳定发展，进而促进整个民办高等教育的良性发展。

第六章 分类管理背景下民办高校上市分析

这些年来，我国民办高校在促进教育公平、增加人民群众对教育选择的需要、缓解高等教育压力等方面起到了重要的作用。但我们也发现了不少亟待解决的问题：如民办高校法人属性不明确，产权归属不清晰，政府扶持难以落实，特别是民办高校筹资融资十分困难。通过多年的探索，民办高校融资可采纳的方式比较多样化，既可通过私募股权、发行债券、民间融资、PPP 公私合作、捐赠等方式融资，也可以通过教育基金、金融中心、信托基金等方式融资。虽然这些教育融资方式比较成熟，在一定程度上解决了我国民办高校获得投资渠道单一的问题，但是，在符合相关条件的前提下，上市融资才是最为有效的融资方式。

自修订后的《民办教育促进法》通过后，我国民办教育受到了资本市场的广泛关注。2017 年，中国教育公司就实现了上市"井喷"，博实乐、四季教育和瑞思在美股上市；睿见教育、宇华教育、民生教育、新高教先后登陆港交所。截至 2018 年 8 月，美股上市教育类机构 13 家，港股已经上市的加上申报的已达到 23 家。同时，在新三板上挂牌的企业，如亿童文教、颂大教育、华图教育等多家企业也正在准备 A 股 IPO。本书对民办高校上市面临的机遇与挑战进行研究，结合新高教集团的案例，有针对性地给出了我国民办高校上市的对策建议，以期对他们有所助益。

第一节　民办高校 IPO、VIE 架构、关联交易等概念解析

一、民办教育上市

狭义概念的上市即首次公开募股（Initial Public Offerings，IPO），指企业通过证券交易所首次公开向投资者发行股票，目的在于获得企业发展的资金。中国企业上市有三种方式：一是境内上市，即在上海或深圳证券交易所上市；二是直接境外上市，即在纽约证券交易所、纳斯达克证券交易所或新加坡证券交易所等境外证券交易所直接上市；三是通过收购海外上市公司或者在海外设立离岸公司的方式在境外证券交易所间接上市。[①]

在《教育法》《高等教育法》以及《民办教育促进法》修订前，教育企业民办非企业法人的自然属性和非营利性的定位等政策因素，导致教育企业在 A 股市场 IPO 长期受阻，在美国和我国香港上市成为内地民办教育的最终选择。美国拥有世界规模第一的资本市场，在美国上市意味着全球知名度的提升，从而获得更多投资机构和投资者的关注。2006 年新东方作为中国第一家在美股上市的教育企业，引领了我国教育机构到美国上市的热潮。而与美股相比，港股具有地理位置的优势，不仅受到国际资本的关注，也受到内地资本的关注。2014 年枫叶教育在港股上市，代表着教育机构正式和港股市场形成连接。

对民办高校而言，目前主要集中于港股市场。2017 年 3 月，第一家

---

① 廖连中. 企业融资——从天使投资到 IPO [M]. 北京：清华大学出版社，2017.

内地民办高等教育集团，民生教育在香港启动招股，随后新高教、中教控股、新华教育等高等教育集团也先后上市。民办高等教育集团往往采用上文提到的第三种方式实现上市，即通过设立特殊目的公司，搭建VIE架构在境外上市。

二、VIE 架构

VIE 架构（Variable Interest Entities，直译为"可变利益实体"）在国内被称为"协议控制"，是指境外注册的上市实体与境内的业务运营实体相分离，境外的上市实体通过协议的方式控制境内的业务实体，业务实体就是上市实体的 VIE。[①]VIE 架构的搭建主要分为五个步骤：一是公司的创始人或是投资者设置一个离岸公司，目前较多的选择在维京群岛（BVI）或是开曼群岛；二是该公司与联合风险投资（VC）或私募基金（PE）及其他的股东，共同成立一个壳公司（通常在开曼群岛），作为上市的主体；三是上市公司的主体在香港设立第二个壳公司，并100%控股；四是香港设立的第二个壳公司在内地设立全资子公司WOFE（外商独资企业）；五是由 WOFE 与国内运营业务的实体签订一系列协议，达到享有 VIE 权益的目的，通过层层关系，反向输送给壳公司，最终实现在港股上市。2017 年至今，民办高校在港股上市加速，VIE 架构成为关键一招。可以预见，随着营利性与非营利性民办学校分类管理改革的推进，未来一个时期还将是国内教育机构抢滩资本市场的"风口期"，包括春来教育、希望教育等在内的民办高校集团已经向港交所递交了 IPO 申请，越来越多的民办高校将应用 VIE 架构与境外资本实现对接。

三、关联交易

关联交易一直是上市公司不容回避的问题，包括公允的关联交易与

---

① 何周，唐威. 民办教育机构 IPO［M］. 北京：法律出版社，2017.

非公允的关联交易、实际的关联交易与虚构的关联交易等。《上海证券交易所股票上市规则（2018 年 11 月修订）》第十章第一节中指出：上市公司的关联交易，是指上市公司或者其控股子公司与上市公司关联人之间发生的转移资源或者义务的事项，包括以下交易：（一）第 9.1 条规定的交易事项；（二）购买原材料、燃料、动力；（三）销售产品、商品；（四）提供或者接受劳务；（五）委托或者受托销售；（六）在关联人财务公司存贷款；（七）与关联人共同投资；（八）其他通过约定可能引致资源或者义务转移的事项。关联交易一直是公司治理中的重要问题，在《公司法》《企业会计准则第 36 号——关联方披露》中都作了相应的规定。然而不仅公司领域广泛存在关联交易问题，实际上目前在民办学校中，大量存在关联交易，已经成为一些学校获得利益的重要手段，而且有的学校在关联交易中造成了一些不良的社会影响。

第二节　民办高校上市面临的机遇与挑战

随着《民办教育促进法》的实施，在新的法律、政策环境下，我国民办高校上市、融资活动将日益增多，这其中既有资本运作法律障碍消除的新机遇，也有资本的逐利性带来学校发展的新挑战。只有准确把握民办高校资本运作的新机遇与挑战，才能使民办高校走得更稳更远。

一、面临的机遇

1. 支持民营企业发展的宏观环境。

改革开放 40 年来，民营企业蓬勃发展，民营经济从小到大、由弱变强，在稳定增长、促进创新、增加就业、改善民生等方面发挥了重要作用，成为推动经济社会发展的重要力量。党的十八大以来，国家进一步鼓励民营企业依法进入更多领域，更好地激发民营经济的活力和创造力。2018 年 11 月，习近平总书记在民营企业座谈会上指出："我们要不断为民营经济营造更好发展环境，帮助民营经济解决发展中的困难，支持民营企业改革发展，变压力为动力，让民营经济创新源泉充分涌流，让民营经济创造活力充分迸发。"

民办高等教育如中国民营企业一样，为我国高等教育事业发展做出了巨大的贡献，同时也获得了国家的大力支持。《国务院关于鼓励社会力量兴办教育促进民办教育健康发展的若干意见》要求进一步调动社会力量兴办教育的积极性，促进民办教育持续健康发展。此外，2018 年 12 月 23 日，新华社发文《我国拟一揽子修改一系列法律激发市场活力》，文中称《义务教育法》《高等教育法》《民办教育促进法》等 17 部法律的修正案草案 23 日提请全国人大常委会审议。可以发现，刚刚修订不久的法律，马上又进入修法程序，说明党中央、国务院对于民办教育是十分关心的，希望大力推动民办教育的发展，激发民办教育活力，这为民办高校上市融资提供了基本保障，为民办高校的进一步发展创造了空间。

2. 民办高校上市资本运作法律障碍正逐步消除。

任何相关改革与社会进步，只有经过法律的确认才能变成引导行业发展的规范。当制度制约行业发展时，我们应及时对相关法律法规进行调整。有效的民办教育政策，应该是演化过程中根据需求形成，而不是人为设计固化不变的。目前我国民办教育机构上市还会遇到很多障碍。[①]比如，在原有的政策环境，我国民办高校的非营利性定位和民办非企业法人的属性在很大程度上阻碍了民办高校进入国内的资本市场，只能纷纷选择在境外上市，直接或间接地登陆境外资本市场。此次，修订后的《民办教育促进法》中最为核心的是确定了民办学校的分类管理原则，其中第十九条规定："民办学校的举办者可以自主选择设立非营利性或者营利性民办学校。但是，不得设立实施义务教育的营利性民办学校。"这条规定使民办高校的法律属性更加清晰，确立了营利性和非营利性的民办高校法人地位，使得民办高校资本运作的法律障碍得以消除。同时规

---

① 刘凤明. 影响我国民办教育机构上市的因素分析及对策建议 [D]. 昆明：昆明理工大学，2017.

定了非营利性和营利性民办高校在财政收费、税收优惠、土地等方面享有的扶持政策，着重强调民办高校应享受与公办高校的同等法律地位，力图从多方面消除民办高校遭受的不公平对待。

二、存在的挑战

1. 营利抑或非营利的路径选择。

民办高校、选择营利抑或非营利的路径将会影响民办高校在资本市场的发展。选择登记为非营利民办高校，意味着举办者将变成捐资办学，有可能会失去对学校的控制权。虽然目前在非营利性属性下的民办高校通过关联交易获得了利润，通过 VIE 架构实现了境外上市，但如果在新法新政实施后，关联交易将受到严格的审查，而且能否上市也是未知数。如果选择登记为营利性民办高校，为未来上市奠定了良好基础，不仅可以在境外上市，而且在 A 股上市也将成为可能。但是，营利性民办高校将面临如何进行财务清算、如何补缴相关税费、是否能够重新获得办学许可证等一系列未知的挑战，仅仅土地出让金一项就可能达到几个亿，一旦出现资金链断裂，不仅会影响学校的安全稳定，而且会给我国民办高校的发展蒙上一层阴影。截至 2018 年年底，尚无一所民办高校就营利性还是非营利性的路径作出选择。所以，选择营利性抑或非营利性，将在很大程度上决定民办高校未来在资本市场上的发展。

2. 民办高校上市后风险不可控。

我国民办高校境外上市后，将面临不同的监管机制、不同的金融市场及不同的法律环境等，会给学校运营带来巨大的风险。一是由于信息不对称带来的风险。我国在境外上市的民办高校，学校运营和发展大多在境内，而投资者及股民大多是境外的机构或个人，如果出现信息偏差，股市有可能会大跌，学校发展也会受较大影响，风险不可控，有的时候甚至没有挽救的办法。

同时，VIE 架构也会带来十分严重的问题。在经历了中国教育机构赴美上市的浪潮后，这些教育机构风波不断，其中 VIE 架构遭到很多质疑。比如，2012 年新东方因对其 VIE 架构进行部分调整而遭到了美国证监会的调查，造成投资者恐慌，大举抛售股票，导致股价大跌。随着我国法律和资本市场的完善，一旦我国相关法律对这种模式加以取缔或是控制，那么将会给我国已经在境外上市的民办高校造成十分严重的影响。

此外，关联交易也是民办高教集团面临的风险。有研究表明，当下一些大型民办教育集团通过所谓的"VIE 模式"在境外资本市场上市，其所控制的学校与上市主体之间所进行的诸多基于购买服务的关联交易逐渐浮出水面。相关资料还显示，个别采取 VIE 架构运作的上市实体或其代表机构与其协议控制的学校之间存在虚假交易的情况，并且一般通过"业务咨询"或"信息服务"等购买服务的方式来进行。[①]为了更好地规范关联交易，2018 年 8 月，司法部就《民办教育促进法实施条例（修订草案）（送审稿）》公开征求意见，其中第四十五条指出："民办学校与利益关联方发生交易的，应当遵循公开、公平、公允的原则，不得损害国家利益、学校利益和师生权益。前款所称利益关联方是指民办学校的举办者、实际控制人、理事、董事、监事等以及与上述组织或者个人之间存在互相控制和影响关系、可能导致民办学校利益被转移的组织或者个人。"所以，在今后的关联交易中，如果与利益关联方发生交易损害国家利益、学校利益和师生权益的，将会受到处罚，构成犯罪的，还将依法追究刑事责任。

第三节　新高教集团上市的案例分析

我国能够上市的民办教育机构，大多在各自的细分领域具有强劲的竞争力，是行业的领先者，如新东方教育是出国留学考试及英语培训方面的领先者，枫叶教育在基础教育和出国留学方面具有明显优势，中国

---

① 董圣足. 民办学校"关联交易"的规制与自治 [J]. 复旦教育论坛，2018（4）.

新高教集团则是高等教育集团化办学的典范。这些民办教育机构往往具有雄厚的实力和知名品牌，上市后持续发展不错，股市表现也很好，融到大量的资金用于扩大规模及提升教学品质，并使其持续发展。

一、新高教集团的基本情况

中国新高教集团创立于 2005 年，是一家专注于应用型大学投资与管理的教育机构。新高教集团创办投资了云南工商学院（云南学校）、贵州工商职业学院（贵州学校）、哈尔滨华德学院（东北学校）、湖北民族学院科技学院（华中学校）、新疆财经大学商务学院（新疆学校）、洛阳科技职业学院（河南学校）、兰州理工大学技术工程学院（甘肃学校），累计毕业生超过 30 万人。新高教集团坚持"三个融入"，即融入国家战略、融入区域发展、融入行业进步，践行"应用型人才+国际化企业"理念，实施"人才+资本"双轮驱动，坚持应用型、国际化、数字化、集团化、品牌化"一型四化"战略，打造一流国际教育集团。2017 年 4 月，新高教集团在香港主板上市，成为中国第一批专业的高等教育上市公司，开启了资本化、国际化发展的新征程。

新高教集团自其前身开始经历了 19 年的发展，是我国民办高等教育事业蓬勃发展的精彩缩影和生动实践。截至 2018 年的中期，新高教集团综合收益总额达 3.26 亿元人民币，同比增长 23%，中期净利润较上年同期增加 36%，达到 1.5 亿元人民币，学生人数由上年同期的 46 460 人增加到 84 497 人，增长率为 81.9%。同时，新高教集团是港股大学板块中进入省份最多、地域最广的上市公司，体现了新高教集团强大的跨区域复制和管理优势。

二、新高教集团上市

1. 上市的历程。

2017 年 4 月 19 日，新高教集团采取 VIE 架构成功在香港上市。交易首日，新高教以 2.78 港元开盘，总成交金额达到 1.48 亿港元，上市时总市值 39.78 亿港元。在其上市前，新高教在其全球公开发售中获得 1.97 倍超额认购，发售定价为 2.78 港元/每股，公开发售所获得款项净增额为 7.43 亿港元。

回顾新高教集团发展的历史：最初起源于 1999 年创办的爱因森软件培训学校，2004 年发展成为云南爱因森软件职业学院；2011 年云南爱因森软件职业学院升本成功改名为云南工商学院，成为云南省第一所民办本科应用型大学；2012 年，投资创立贵州工商职业学院；2015 年，筹建西北工商职业学院（西北学校）；2015 年 8 月，收购恩常公司 89.2% 的股份，投资华中学校；2016 年 4 月，收购哈轩公司 73.91% 的股份，投资东北学校。新高教集团的上市就是以这 5 所民办高校为基础的。

具体而言，新高教集团按照 VIE 架构，设立几个主要公司实现上市：一是 2015 年 10 月 20 日在开曼群岛注册成立 Aspire Education Group Co.，Limited.（Aspire Education Group）；二是 2015 年 10 月 30 日根据香港法律注册成立 Aspire Education Holding Co.，Limited（Aspire Education Holding）；三是 2016 年 7 月 8 日在开曼群岛注册成立新高教集团有限公司，即上市主体，由 Aspire Education Group 全资拥有，且持有 Aspire Education Holding 全部已发行股本；四是由 Aspire Education Holding 注册成立外商独资企业西藏大爱辉煌信息科技有限公司（辉煌公司）；五是由辉煌公司与新高教的高校运营实体订立多项协议，提供技术及管理咨询服务，从而获得高校运营产生的所有经济利益，并逐层分红至上市主体新高教集团（辉煌公司—Aspire Education Holding —上市主体新高教集团）。

2. 上市后的发展。

新高教集团借力上市公司平台获得了大量融资，自 2017 年上市后，新高教集团持续加快全国布局，提高行业市场份额，在高等教育增长潜力巨大的重点区域展开投资和并购。同时，围绕优势学科专业建设、师资队伍建设、高质量就业等目标，不断抓好内涵建设，提升办学声誉，改善学生体验，提升办学质量。

　　一是在并购业务上持续发力。2017 年 12 月，收购新疆学校 56%的股权；2018 年 1 月，收购河南学校 55%的股权；2018 年 7 月，与兰州理工大学签订合作协议，联合举办甘肃学院。可以发现，拥有资本和融资优势的新高教集团偏向于通过收购优质学校实现规模迅速扩张，进而巩固行业地位。在并购方面，新高教丰富的管理经验、充足的人才储备、独特的业务模式以及领先的行业地位，帮助其以更低的价格竞得标的。通过其并购的标的可以发现，独立学院是其投资的重点，目前独立学院校中校还有 70~80 家，预计 2020 年将完成转设，为新高教集团提供了良好并购的机会。

　　二是实现了从单体学校到集团化办学的转变。民办高等教育是具有高门槛的特殊行业，重资产的商业模式需要大量的投入，并不是随便就可以进入的行业。在民办高校中，很多学校都是单体办学，但是新高教集团一直在对集团化办学进行不断投入，从而推动旗下各所院校进行整合，探索多所学校间的协同效应，从而促进效率提升。目前，新高教集团已经实现了校园设计、教学设施、课程设置等方面的标准化，可以将先进的管理理念、办学经验快速复制输出到旗下其他学校。

　　此外，在人才方面，新高教集团持续努力打造优质管理团队，在教学、金融、人力资源管理等多个领域的新高管陆续加入新高教集团，支撑公司的快速发展和扩张。在实训基地和校企合作方面，将课堂知识与行业经验紧密结合，为学生提供丰富的实践经验，从而提高学生的就业率。

　　3. 面临的挑战。

　　正如上文提到民办高校上市面临的普遍性挑战中所说，新高教集团同样面临着选择营利性或者是非营利性的困境、信息不对称、关联交易以及 VIE 架构的问题。我们可以结合新高教集团自 2017 年 4 月上市至 2018 年年底股价变动的情况，进一步分析新高教集团办学中面临的挑战。

　　如图 6-1 所示，自 2017 年 4 月 19 日以 2.78 港元开盘后，新高教集团股价在波动中上升，到 2018 年 6 月 12 日左右达到了 8.4 港元的高点，而后较为平稳地波动。但是，到了 8 月 13 日，股价骤降到 4.67 港元。分析其中原因，可以发现引发大跌的是司法部发布《民办教育促进法实施条例（修订草案）（送审稿）》，向社会公开征求意见，使得港股教育类公司股票集体大跌。其中，最为关键的是对非营利性学校的并购重组、变相营利、VIE 架构和关联交易等作出了更加明确的要求，规定实施集团化办学机构，不得通过兼并收购、加盟连锁、协议控制等方式控制非营利性民办学校。在这次下跌后，新高教股价持续下跌，到 2018年 12 月 31 日，只有 3.42 港元。可以发现，政策的变动给新高教集团带来较大的挑战，新高教集团并购、关联交易和 VIE 架构受到了较为严重的影响。

图 6-1　2017—2018 年新高教集团上市后股价走势图[①]

此外，新高教的发展过度依赖于集团的声誉。但是，集团的声誉并不能保证一直向好，在急速的并购扩张中，新高教集团很容易受到有损集团声誉情况的影响，比如选择了营利性办学学生及家长是否能够欣然接受，学生对学校的课程、教师及教学质量是否满意，能否顺利通过政府教育机构的审查，现在经营学校的方式是否获得认证及批准等。这些都将影响学校的办学声誉。

[①] https://xueqiu.com/S/02001.

第四节 民办高校上市规范化发展的政策建议

一、政策上进一步规范通过 VIE 架构上市的民办高校

自 2017 年至 2018 年年初，已有民生教育、新高教集团以及中教控股等民办高等教育集团在港成功上市。三家高教集团都是以非营利性身份通过搭建 VIE 架构的方式向港交所申请并获得批准，未来他们是否会变更办学性质也有待进一步观察。①在前文分析中我们知道，VIE 架构通过外商独资企业提供的技术及管理咨询服务，获得了民办高校运营的经济利益，使得学校举办者能够获得分红及利润。但是，《民办教育促进法》第十九条规定："非营利性民办学校的举办者不得取得办学收益，学校的办学结余全部用于办学。"这就产生了一对矛盾，即如果举办者选择了非营利办学，却又通过 VIE 架构获得了利润，那么该如何规范？目前，《民办教育促进法》中并没有对通过 VIE 架构上市的民办高等教育集团作出限制，并没有明确这类高校是否可以选择非营利性。如果可以继续以 VIE 架构选择非营利性办学，这样一种操作手法，不仅使得有关非营利法人的法律规定"形同虚设"，也使得相当一部分所谓的非营利民办学校的举办者，既可以"非营利"名义获得税收减免及财政扶持等政策便利，又可以"左手与右手签订协议"和各种关联交易方式获得"超额利润"，这在某种程度上就导致宏观层面所推导的民办学校分类管理失去了现实意义。②而且从实践操作层面来看，港交所目前对于这种模式的态度是中立的，即企业只要合法合规，通过 VIE 结构上市是可以的。因此，在这种实践操作层面尚存、而法理逻辑上背离的背景下，应

① 王磊. 产业化与金融化背景下的教育行业发展趋势及投融资策略 [M]. 大连：辽宁教育出版社，2018.

② 潘奇，董圣足.VIE 架构在教育领域的应用、问题及其对策 [J]. 教育发展研究，2018（5）.

该进一步在《民办教育促进法实施条例》等尚未修订完成的法律法规中予以明确，通过政策手段对民办高校发展过程中出现的问题进行规范。

二、政策上不限制营利性高校在 A 股直接上市

目前，我国民办教育机构主要集中在境内资本市场的上海证券交易所、深圳证券交易所、全国中小企业股份转让系统，境外资本市场的纽约证券交易所、纳斯达克证券交易所以及香港联交所上市。从目前的情况来看，由于教育企业民办非企业法人的自然属性和非营利性的定位等政策因素，导致教育企业在 A 股市场 IPO 长期受阻，在美股和港股上市成为民办教育机构的首选。教育企业若想登陆 A 股，基本上只能通过跨界并购的方式被上市公司收购，目前境内仍没有一家真正意义上的民办教育类企业以 IPO 的方式登陆 A 股。

从宏观形势来讲，我国对于民办高等教育的需求仍然巨大，地方财政对高教事业投入仍然不足，就"十三五"和"十四五"规划来说，离目标达成还有很大空间，《民办教育促进法》主旨还是要推动民办教育健康发展，以进一步发挥社会资本在高等教育事业中的作用。根据新高教集团 2018 年中期年报分析，《民办教育促进法实施条例（修订草案）（送审稿）》也充分体现了 9 大利好：一是鼓励公开募集资金办学，使教育上市有了法律依据；二是营利性民办学校的 VIE 架构有了名分，关联交易被认可；三是明确了对营利性民办学校税收优惠政策；四是营利性集团化办学有了法律依据，在加强管理和党建的同时，集团化办学将得到政府更大信任与支持；五是前所未有的土地优惠政策；六是促进了更多独立学院及民办大学并购标的的出现；七是保障民办学校办学自主权方面有了更大的空间，包括教学自主权、招生自主权、自主评聘教师专业技术职务、收费自主权；八是鼓励民办学校利用资讯技术等手段提高教学效率和水准；九是提高了准入门槛，竞争壁垒提高了。[①]这给社会力量投资办学创造了广阔的成长机遇和良好的发展环境。

---

① 中国新高教集团有限公司 2018 年中期年报。

从政策放宽及法律修订的角度上来讲，民办高校在 A 股以 IPO 方式上市最大的障碍目前正在逐步消除，并且民办高校估值也随着各方面的因素而上涨，教育投资的热度也在持续，与其让民办高校纷纷赴境外上市，不如放宽政策促进民办高校在 A 股上市。即便对于营利性民办高校在政策上不能给予大力支持，但只要不作限制性规定，预计随着教育资产证券化加速，第一个以民办高校为主的教育集团有可能实现 A 股 IPO。

三、政策上引导资本逐利性与教育公益性的平衡

资本永远是追逐利润的，利润的存在也是吸引社会资本投资办学的动因所在，只有允许民办高校营利，才能吸引更多的资本流入高等教育。因此，我们必须重新认识与定位民办高校的特性，走出资本的逐利性与教育公益性相互矛盾的认识误区，弱化民办高校上市与过度逐利的惯性思维。民办高校营利是上市的前提，上市是民办高校融资最有效的方式之一，可以为民办高校带来充足的资金，从而促进民办高校的发展。正如新高教集团在上市后，获得了大量资金的支持，实现了从单体办学向集团化办学转变，获得了更多更大的发展空间，奠定了民办高等教育行业领先者的地位。事实上，这也恰恰证明了资本的逐利性不一定妨碍民办高校的公益性，只要民办高校以学生为本，提高办学质量，创建学校品牌，维护好学校声誉，不论营利还是非营利都能够促进我国高等教育事业的发展。因此，我们应该在政策法规上进一步引导民办高校的发展，更为细化地完善非营利性民办高校和营利性民办高校在土地政策、财政政策、过渡期的差异性以及退出机制等分类管理政策，促进民办高校在逐利性与公益性上实现平衡。

第七章 基于史密斯政策执行模型推动民办高校发展的对策建议

2018 年 9 月，习近平总书记在全国教育大会上发表重要讲话，明确提出，办好教育事业，家庭、学校、政府、社会都有责任。这一重要论断，牢牢把握住了办人民满意的教育需要全社会合力的内在规律，对调动全社会的力量办好教育提供了强大支撑、指明了方向。民办教育是我国社会主义教育事业的重要组成部分，是社会力量兴办教育的主要形式，其改革已进入攻坚期和深水区，法治与政策环境和治理制度正在发生重大变革，核心是实施民办学校分类管理。

目前，我国民办教育分类管理政策法规体系涵盖法律、行政法规、部门规章、地方法规和政府的规范性文件，这个体系日趋成熟和完善。可以说，分类管理政策的顶层设计基本完成，但是我们都知道政策过程的含义不仅仅指政策制定，还包括政策执行。有效的政策执行，可以达到预期的政策目标；相反，如果政策执行不当，非但不能解决原有的社会问题，可能还会造成更为严重的后果。美国第 28 任总统伍德罗·托马斯·威尔逊曾在《行政学研究》一文中指出："执行一部宪法比制定一部宪法还要困难得多。"①

　　与政策制定相比较,政策执行同样存在一定模型、一定程序、一定困难等制约因素。当前必须对分类管理政策执行的方式、执行的制约因素、执行的破解路径进行研究。若采用一个较为成熟的理论模型,诠释民办教育分类管理政策执行过程,将有助于厘清存在的制约因素,为民办教育分类管理政策执行提供一个全面的、清晰的分析框架。鉴于此,本章将在前文对比中美私立高等教育政策的基础上,采用史密斯政策执行过程模型,分析影响民办教育分类管理政策执行的制约因素,以期为民办教育分类管理政策的后续执行过程扫清障碍,优化民办教育分类管理政策执行的路径选择,确保民办教育分类管理政策执行取得更好的效果,实现民办非营利性高校和民办营利性高校的优化管理。

第一节　分类管理史密斯政策执行模型的构建

　　20 世纪 70 年代中期以来,西方公共政策研究学者开始关注政策执行,其中以美国学者的研究最具代表性。研究的兴起以 1973 年加州大学的普雷斯曼和韦达夫斯基的专著《执行——华盛顿的美好期待是如何在奥克兰破灭的》的出版为标志。②而后形成了"政策执行研究运动",学者们从不同的角度研究公共政策的执行,建构了一些政策执行的模型,比如美国学者霍恩和米特提出的"米特—霍恩政策执行系统模型"、美国公共政策学者 E·巴德克提出的"博弈论政策执行分析模型"、美国学者 M·麦克拉夫林提出的"互动理论模型"等。这些模型被我国学者引入以后应用于我国公共政策执行的分析,取得了一些卓有成效的研究成果。其中,使用比较多的模型包括马特兰德依据资源、权力、情境、

① Woodrow Thomas Wilson.The Study of Administration [J]. Political Science,1886(2).
② 贺东航,孔繁斌. 公共政策执行的中国经验 [J]. 中国社会科学,2011(5).

联盟力量四个变量建构的"模糊—冲突模型"①和本研究即将应用的"史密斯政策执行过程模型"等。然而，经过一段时间的检验，发现由于我国的体制背景和执行特征与西方截然不同，这些模型在中国的适用性受到了质疑。因而，本研究更加注重对史密斯政策执行过程模型进行修正，增强模型在中国本土的适用性，提升对民办教育分类管理政策分析的有效性。

史密斯认为政策执行所涉及的因素很多，但主要有四个变量并由此构成了"史密斯政策执行过程模型"：一是理想化的政策，即政策本身的可行性、合法性、合理性等；二是政策执行主体，即政府中负责政策执行的组织和人员，包括执行的组织协调、领导模式技巧、工作人员态度等；三是目标群体，即政策实施的对象，包括目标群体对政策的认同与支持等；四是政策环境，即与政策生存空间相关联的因素，包括政治环境、经济环境、社会环境等影响政策执行的因素。史密斯认为，政策执行就是四个变量互动的过程，互动过程中会产生冲突从而造成"紧张"，因而需要对"紧张"进行"处理"。"处理"过程有两个路径，路径一是如果发现有问题要及时进行"回应"，路径二是如果没有问题则通过"建制"进行间接"回应"。政策执行的"回应"结果作为再制定政策的依据，由此循环往复。②

之所以选择史密斯政策执行过程模型分析我国民办教育分类管理政策，主要是因为这个模型吸纳了许多其他模型中的变量，将政策本身、执行主体、目标群体、政策环境作为一个有机的整体，有效地容纳了分析政策执行的主要变量，拓宽了政策执行研究的视野，为政策执行过程和政策执行的制约因素提供了分析框架，比较适合分析当前我国民办教育分类管理政策执行的制约因素。如图 7-1 所示，修正后的史密斯政策执行过程模型涵盖了四个方面的变量：民办教育分类管理政策本身由可行性、合理性构成，位于该模型的核心位置，与执行主体、目标群体、

① Matland R.Synthesizing the Implementation Literature：The Ambiguity-Conflict Model of Policy Implementation［J］．Journal of Public Administration and Research，1995（2）．

② Thomas B.Smith.The Policy Process Implementation［J］．Policy Sciences，1973（4）．

政策环境形成一个完整空间；执行主体由地方政府、执法机构和执行人员构成，关键在于主体对政策的重视和理解；目标群体由民办学校举办者、教职工和受教育者构成，关键在于对政策的认可和支持；政策环境由政治环境、经济环境和社会环境构成。四个方面的变量相互交织影响，通过"紧张""处理""建制""回应"的机制，形成了影响民办学校分类管理政策执行的分析模型。

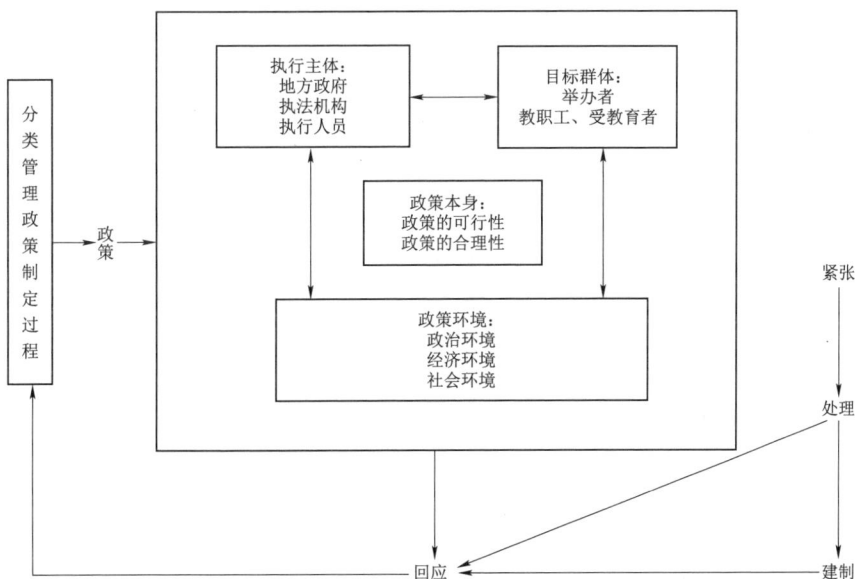

图 7-1　修正后的史密斯政策执行过程模型

第二节　分类管理政策执行的制约因素

借助修正后的史密斯政策执行过程模型的分析框架，本研究从政策本身、执行主体、目标群体、政策环境四个方面分析了影响民办高校分类管理政策执行的制约因素。

一、分类管理政策体系尚未完善

公共政策执行的成功与否，很大程度上取决于政策本身质量的优劣。可以说，质量好的政策是政策有效执行的重要基础和前提。民办教育分类管理改革是教育领域全面深化改革的一项重要举措，需要建立推动各项措施贯彻落实的政策体系，如表 7-1 所示，目前我国已经建立了从法律到地方性法规和规章的制度体系，但是仍有一些政策法规急需完善，特别是《非营利性民办学校监督管理实施细则》和《非营利性民办高校财务监管办法》等规范性制度的颁行。在修正后的史密斯政策执行过程模型中，政策本身的可行性、合理性是影响政策执行的核心因素。从政策本身这个维度来分析，民办教育分类管理政策执行的制约因素主要表现在以下两个方面。

表 7-1　民办教育分类管理政策法规一览

体系层面	名　　称	涉及分类管理的主要内容
法律	民办教育促进法	民办学校的举办者可以自主选择设立非营利性或者营利性民办学校
行政法规	民办教育促进法实施条例（送审稿）	进一步强化了"营"与"非"各行其道
	国务院关于鼓励社会力量兴办教育促进民办教育健康发展的若干意见	分类管理，公益导向；建立分类管理制度；建立差别化扶持政策体系
部门规章	民办学校分类登记实施细则	重点解决两类学校"到哪里登记""如何登记"的问题
	营利性民办学校监督管理实施细则	重点解决营利性民办学校"能办什么学""如何办学""如何办好学"的问题
地方性法规和行政规章	已有辽宁、安徽、甘肃、天津、云南、湖北、上海、浙江、河北、内蒙古、陕西、河南、海南、江苏、青海、广东、贵州、山东、宁夏、重庆、江西、广西、山西、吉林、四川省（自治区、直辖市）公布了鼓励社会力量办学促进民办教育健康发展的实施意见	为了保证分类管理的平稳有序进行，地方政府因地制宜，制定与法律配套的规定，出台地方性法规或者政府规章
仍需完善的政策法规	差别化扶持的"财政政策、税收政策、土地政策"、非营利性民办学校监督管理实施细则、非营利性民办高校财务监管办法、部分省份未出台地方性法规或规章等	

一是政策本身仍存在一些空白点。目前我国共有各级各类民办学校17.76 万所，这些学校基本都是依据原《民办教育促进法》举办的，意味着都是允许举办者取得"合理回报"的，而且对民办学校终止后剩余财产的分配规定得比较模糊，处理好现有民办学校的过渡问题对分类管理改革至关重要。鉴于我国各地区之间经济和社会发展不平衡，有关历史和现实情况又不尽相同，民办教育在发展速度、发展重点、发展模式上也各具特色，修订后的《民办教育促进法》只能解决一些重大原则问题和共性问题，所以国务院明确授权各省、自治区、直辖市根据实际情况制定相关配套政策，其中涉及过渡期限、财政政策、税收政策、土地政策等。但是，当前一些政策法规仍未出台，即便出台的政策仍缺乏可付诸操作的具体规定。具体而言，有的学者总结了民办学校分类管理未决的问题，包括分类登记过渡期设置、营利性与非营利性属性转换、非营利性民办学校能否取得事业法人身份、现有民办学校清产核资费用负担和资产过户税费征缴、如何奖励或补偿非营利性民办学校举办者、学校转设前后债权债务衔接、非营利性民办学校生均经费补贴额度、学校信息公开具体范围、学校监督机构产生机制和举办者的治理角色十大问题。[①]这些尚未解决的问题和政策的空白点阻碍了分类管理改革的推进，为此需要在政策体系上对上述问题予以回应。

二是民办学校的奖励补偿措施有待进一步明确。我国民办教育已经经过了 30 多年的改革发展，在这个过程中，由于不同时期设立的民办学校面临的政策环境是不一样的，相关的法律法规也是不一样的，所以在分类管理改革中要考虑到历史因素，制定合理的政策法规。史密斯政策执行过程模型认为逻辑前提将直接影响政策的合理性。在我国，民办教育最大的逻辑前提是大多数举办者都不是捐资办学，而是投资办学，是要求取得办学收益的。只有认识了这个逻辑前提才能使政策在执行过程中减少干扰，排除阻力，确保有效实施。在 2016 年 11 月 7 日发布的《全国人民代表大会常务委员会关于修改〈中华人民共和国民办教育促

---

① 李虔，卢威. 民办学校分类管理十大未决问题探析 [J]. 中国教育学刊，2018（8）.

进法〉的决定》中，作出如下补充规定："本决定公布前设立的民办学校，选择登记为非营利性民办学校的，根据依照本决定修改后的学校章程继续办学，终止时，民办学校的财产依照本法规定进行清偿后有剩余的，根据出资者的申请，综合考虑在本决定施行前的出资、取得合理回报的情况以及办学效益等因素，给予出资者相应的补偿或者奖励，其余财产继续用于其他非营利性学校办学；选择登记为营利性民办学校的，应当进行财务清算，依法明确财产权属，并缴纳相关税费，重新登记，继续办学。具体办法由省、自治区、直辖市制定。"这项规定明确了对举办者合法权益的保护，地方应该在制定分类管理改革政策中正确理解这项规定，认清投资办学的逻辑前提，进一步明确奖励补偿措施，并在地方政策中合理体现，保障举办者投资办学的合法权益。

二、分类管理政策执行主体的作用需要进一步激发

执行主体是史密斯政策执行过程模型中的重要一环，任何公共政策的执行最终都要依靠各级执行机关和执行人员来进行。执行机关掌握着政策实施的资源、权力等，政策执行人员的自身素质、政策理解能力、管理能力等直接影响着政策任务的完成：因为执行主体可以积极主动地、创造性地执行政策，确保政策顺利实施；也可以效率低下或抵制政策而导致政策失败。由此可见，民办教育分类管理政策执行机关与人员直接影响着政策目标的实现。根据修正后的模型主要分析地方政府、执法机构和执行人员三个执行主体，具体问题有：

一是地方政府在分类管理改革中存在"观望式政策执行"现象。在分类管理改革政策执行中，地方政府兼具从属性与自主性的双重属性。从属性是因为党中央关于民办教育分类管理的顶层设计已经明确，省级政府职能作用发挥需要在《民办教育促进法》《国务院关于鼓励社会力量兴办教育促进民办教育健康发展的若干意见》等政策法规的框架下进行。自主性是省级政府有权结合当地民办教育发展的实际，制定并实施彰显具有地方特色的民办教育地方性法规或规章。据研究，中央赋予省

级自主探索的领域和问题或者需要省级层面解决的主要难题有：确定财政支持民办教育发展的资金额度并纳入预算，确定对民办学校进行财政补贴、购买服务等办法，确定现有学校转为营利性学校的过渡期、财务清算和税费缴纳办法，确定现有非营利性学校终止办学清偿后的补偿奖励办法，确定非营利性学校市场化方向的收费办法等。①然而，通过分析地方分类管理政策的执行，可以发现"观望式政策执行"大行其道，主要是在政策执行过程中，地方政府总是被动观望：一观上面的态度，希望国家层面出台具有统一标准的新政新策，地方可以坐享其成；二观其他省份，看其他地方政府执行的力度再决定自身如何执行。表现出的特点是执行者采取一种"软拖"的手法，并没充分使用中央赋予省级的自主探索权，缺乏主动创新的意识。

二是分类管理政策执法部门衔接尚未理顺。分类管理是关于民办教育发展方向的根本性举措，涉及的广度、改革的难度都高于之前民办教育领域的改革，存在重大的风险隐患和尖锐的矛盾，并不是教育行政一个部门能够解决的。除了教育行政部门外，执法部门还包括人力资源和社会保障部门、民政部门、工商部门、税务部门等。目前，各个部门都或多或少地缺乏有效整合与推动民办教育分类管理政策执行的能力和办法，而且在一些执法部门不同程度地存在"错位""越位""缺位"的现象。比如对某些民办学校的办学不规范行为，相关部门的监管和查处力度不够，导致不同类型的民办学校之间出现了恶性竞争。而且执法部门之间在政策执行过程中，"上有政策、下有对策"，出现利弊权衡、方案协商和讨价还价的过程，政策执行过程被逐渐拉长，被称为"执行协商"。②在这种衔接不顺、"执行协商"的政策执行过程中，民办教育分类管理改革将会成为一个漫长、烦琐而杂乱的执行过程，初始的政策目标被严重地妥协掉，事实上"合理回报"的政策在这种执行模式下并没有发挥出应有的作用。如果在分类管理改革政策执行中对这种衔接不畅等现象不加以规制，那么改革的政策效果也将大打折扣。

---

① 王烽. 影响民办教育"新政"实施效果的关键因素［J］. 教育发展研究，2017（3）.

② 薛澜，赵静. 转型期公共政策过程的适应性改革及局限［J］. 中国社会科学，2017（9）.

三是执法人员对分类管理政策的理解存在偏差。民办教育分类管理改革后，将厘清两类学校的性质：营利性民办学校作为营利性的公司法人，非营利性民办学校作为非营利性法人。有些执法人员原本对民办教育的存在价值和重要意义认识就不足，对民办学校和公办学校不能做到一视同仁，进行分类管理改革后，可能进一步加剧了认识模糊、重视不够的情况，尤其会对营利性民办学校的管理产生被动心态。事实上，《民办教育促进法》第五条规定："民办学校与公办学校具有同等的法律地位，国家保障民办学校的办学自主权。""同等法律地位"是不同法律关系主体享有同等的权利和履行义务的实际关系状态。[①]民办学校"同等法律地位"可以理解为民办学校享有与公办学校同等的权利，同时要履行同样的义务，其中既包括非营利性民办学校，也包括营利性民办学校。而且不论是非营利性民办学校还是营利性民办学校都是我国社会主义教育事业的重要组成部分，不能因为营利性民办学校可以获得利润分配、取得办学收益而使其失去政策法规的保障。因此，时至今日问题的关键已经不仅仅是分类管理政策本身的问题，而是在国家既定的各项政策中，执法人员能否真正地或者很好地理解与落实的问题。

三、目标群体对分类管理政策存在分歧

民办教育分类管理政策能否达到预期目标，与政策对象有着直接联系，如果这部分目标群体认同、接受政策，那么分类管理政策执行就会比较顺利；反之，会在很大程度上造成曲折反复。按照修正后的史密斯政策执行过程模型，分类管理改革最为直接的目标群体就是举办者、教职工和受教育者。其中，教职工和受教育者对分类管理相对认同，因为分类管理政策进一步加大政府在财政、税收和土地政策等方面的扶持力度，鼓励民办学校按照国家规定为教职工购买补充养老保险，并保障民办学校学生享受助学贷款、奖学金、助学金等资助。这些制度更加有利

---

① 王波，程福蒙. 民办学校教师同等法律地位问题分析［J］. 教育发展研究，2006（6）.

于保障广大教职工和受教育者的合法权益，稳定民办教师队伍，所以这部分政策目标群体比较支持民办学校分类管理政策，但是这两部分群体并不能发挥决定性的作用。

相对于广大教职工和受教育者群体，分类管理政策执行的最大利益相关者应该是民办学校的举办者。自 2010 年提出探索民办教育分类管理改革以来，不论是立法机构、政策制定者，还是专家学者、实践办学者都遵循各自的逻辑共同参与政策的修订完善工作。有学者指出，在修法过程中，官方的改革和创新意识是修法的政治基础，修法的核心内容采纳了专业人士的研究成果，修法的推进在于权力部门的引导和协调，修法通过立法者投票表决而完成。其实，在修法过程中，另外一个团体也很重要，并且发挥了很大的影响，那就是民办学校的举办者。[①]民办学校举办者对分类管理政策是存有一定不同看法的，主要有两个方面的原因：一是在"合理回报"的政策下，民办学校无论是要求合理回报还是不要求合理回报，都已经通过各种各样的途径取得了回报，获得了利润；二是我国大多数民办学校举办者虽然具有办学情怀，但是同样看重办学收益，如果选择了非营利性民办学校意味着放弃办学收益，举办者对此是心存疑虑的。所以从目标群体而言，民办教育举办者对分类管理政策的执行是存在一定分歧的，制约了民办教育分类管理政策的执行。

四、分类管理政策执行缺乏良好的政策环境

根据修正后的史密斯政策执行过程模型，将政策环境分为政治环境、经济环境和社会环境。就我国的实际情况而言，实施分类管理改革是党中央明确的改革原则，改革已经成为政府的主导意识，而且相应配套法律法规的原则都是按照这个改革思想和内容推进的，例如 2015 年12 月，全国人大常委会第十八次会议对三部法律进行了审议，表决通过了对《教育法》和《高等教育法》的修改决定，就是要扫除《教育法》

[①] 阎凤桥.《民办教育促进法》修改过程中的合法性问题探讨［J］. 复旦教育论坛，2017（5）.

《高等教育法》中存在的涉及民办教育分类管理改革的法律障碍，保持法律之间的协调统一。可以说在政治环境层面已经达成了统一。但是，民办教育分类管理改革政策执行的制约因素主要表现在经济环境和社会环境方面。

在经济环境方面，随着民办学校办学实践的发展，教育行业的产业化发展与资本市场紧密融合，受到了资本市场的青睐，而且随着教育公司在美股、港股上市，在我国实践中出现了"非营利性学校"撑起上市公司的情况。分类管理的政策执行对资本市场影响很大，如《民办教育促进法实施条例（修订草案）（送审稿）》公布后，造成了在港股飘红数月的民办教育股集体大跌。之所以会造成这么剧烈的波动，主要缘于该条例修订草案第十二条中的规定"实施集团化办学的，不得通过兼并收购、加盟连锁、协议控制等方式控制非营利性民办学校"，这一政策被资本市场解读为巨大的利空消息，开盘后，港股上的民办教育股集体暴跌超30%。可以说，民办教育分类管理改革政策正面临着复杂的国际国内经济环境，如果不能妥善解决这些问题，会影响投资者对民办教育投资的积极性，对民办教育的发展带来不利的影响。

在社会环境方面，对政策的有效执行需要社会公众心理因素的支持，当公众的心理承受不了某项政策时，即使政策本身设计得再好，也是很难实施的；反之，如果某项政策符合公众的心理，那么就会得到公众的理解并顺利施行。受到我国历史文化的影响，公众对民办学校的认可度原本就比较低，如果再冠以"营利性"的头衔之后，学校的营利行为可能会处于道德否定、批判的中心，影响分类管理改革的初衷。正如有的学者所言，传统义利观、"官本位"价值取向以及计划体制惯性思维等非正式制度，都极大地影响着民办高校分类管理政策执行的有效性。这些非正式制度具有较强的历史延续性和持久的生命力，相比正式制度影响更牢固、更难以改变。[①]因此，在推进民办学校分类管理政策执行中，要充分考量社会环境因素对分类管理政策造成的制约因素。

---

① 陈文联，黄夏雨. 民办高校分类管理的非正式制度障碍及解决路径 [J]. 浙江树人大学学报，2018（2）.

第三节 推动民办高校分类管理
背景下发展的建议

通过修正后的史密斯政策执行过程模型分析，虽然分类管理政策的大方向已定，但在具体的政策执行过程中仍然存在很多问题，涉及政策本身、执行主体、目标群体、政策环境等具体制约因素。我们知道，公共政策从提出到落实有层级性、从贯彻到实施有差异性、从回应到配合存在博弈性，博弈性表现在央地之间，也表现在部门与部门之间。而这种层级性、多属性、差异性和博弈性往往容易造成政策的碎片化。[①]如果我们不能去兼顾和平衡各种"既得利益"，不能破除政策的碎片化，不能让利益相关者达成共识，那么政策执行必然会面临重重阻力，从而导致在一些问题的政策执行过程中无所适从。针对分析中发现的问题，在此提出以下初步思路和建议，以期减少"政策梗阻"和"政策失真"现象，不仅可以实现民办学校分类管理政策的目标，而且为其他教育政策的执行也提供了借鉴。

一、坚持顶层设计与基层创新相结合完善配套政策

首先，深入贯彻落实党中央关于实施民办学校分类管理改革的精神。2018 年 9 月 10 日，习近平总书记出席全国教育大会并发表重要讲话，就教育改革发展提出一系列新理念新思想新观点，提出"9 个坚持"：坚持党对教育事业的全面领导；坚持把立德树人作为根本任务；坚持优先发展教育事业；坚持社会主义办学方向；坚持扎根中国大地办教育；坚持以人民为中心发展教育；坚持深化教育改革创新；坚持把服务中华民族伟大复兴作为教育的重要使命；坚持把教师队伍建设作为基础工

---

① 贺东航，孔繁斌. 公共政策执行的中国经验 [J]. 中国社会科学，2011（5）.

作。这是对我国教育事业规律性认识的深化，也是民办教育发展的重要依据，也为民办高校分类管理改革提供了方向。一方面，从合理回报到分类管理是党中央明确的民办教育改革的重要原则，我们要深入贯彻落实这一要求，从法律制度的构建上为民办教育分类管理提供法律依据，确保分类管理改革依法有序进行。另一方面，民办高校要进一步加强党的建设。修订后的《民办教育促进法》第九条规定："民办学校中的中国共产党基层组织，按照中国共产党章程的规定开展党的活动，加强党的建设。"按照这条新增的规定，民办高校要切实加强党的领导，加强和改进思想政治工作，牢牢把握社会主义办学方向，保障我国民办教育事业在党的领导下健康发展。

其次，分类管理改革牵涉的民办高校多，涉及的部门范围广，触动的利益大，基层一定要探索创新政策。虽然在《中华人民共和国民办教育促进法实施条例（修订草案）（送审稿）》落地后，分类管理改革政策的顶层设计将基本完成，但距离完善成熟的非营利性与营利性民办学校分类管理的政策体系尚有距离。正如相关研究者指出，由于现有的财政扶持政策和各项配套政策对两类民办学校的差异化规定尚不够清晰，相当一部分民办学校在抉择过程中不免感到迷茫，因此，需要尽快在现有基础上调整民办教育财政扶持政策，正确引导民办学校选择适当的分类。[①]这就需要基层政府大胆创新，切实提出解决差别化扶持政策的具体措施。尤其是，在顶层设计框架之下，中央作出的规定很多都是原则性的，并明确授权各省、自治区、直辖市结合本地区的实际，制定过渡期限、方案等具体的办法。可见，省级政府将在差别化扶持政策中扮演关键角色。可喜的是，截至 2018 年 10 月，在国内 31 个省、直辖市、自治区（不包括港、澳、台）中，已有 26 个省、直辖市、自治区先后发布了促进民办教育健康发展的实施意见（包括征求意见稿），在财政政策、税收政策及土地政策等方面作了有益的探索，与中央共同破解民办教育

---

① 王纾然，何鹏程. 分类管理背景下民办教育财政扶持政策的转向 [J]. 教育发展研究，2018 (7).

改革发展难题和障碍。

最后，比较关键的是对现有民办高等教育税收政策加以调整。在区分营利性高校和非营利性高校之后，我国税收政策面临新的调整，以规范投资者的投资回报。与投资回报直接相关的一个问题便是对民办高校的税务处理，如税收资格的认定、优惠政策以及减免范围等。除此之外，我们还必须坚持民办教育的税收原则，其中比较重要的一个原则为不论是非营利性民办高校还是营利性民办高校都应该享受税收的优惠政策。这在我国民办高等教育发展过程中是有一定理论基础和法律基础的。理论基础缘于民办高等教育的公益性，这与企业的投资营利行为具有本质上的差别，民办高等教育的税收政策就要与企业的税收政策加以区分，应给予民办高校适当的优惠政策。法律基础是《国务院关于鼓励社会力量兴办教育促进民办教育健康发展的若干意见》中的规定："各级人民政府要完善制度政策，在政府补贴、政府购买服务、基金奖励、捐资激励、土地划拨、税费减免等方面对非营利性民办学校给予扶持。各级人民政府可根据经济社会发展需要和公共服务需求，通过政府购买服务及税收优惠等方式对营利性民办学校给予支持。"这也为营利性民办高等教育享有税收优惠政策奠定了基础。同时，依据公平税赋的原则，应对营利性与非营利性民办高校的税收优惠政策加以区分：非营利性民办高校应与普通高校享有相同的法律地位及相同的税收优惠政策；而对营利性高校应该按照企业法人的性质进行征税，但应该制定税收优惠政策，如征收比例低于企业的所得税、对获得营利的个人减免部分所得税等。随着相关法律政策的不断完善，税收优惠政策体系也要不断完善，从而为民办高校发展提供更充足的使用资金，鼓励投资者积极参与到民办高等教育事业发展之中。①

---

① 秦惠民，杨程. 我国民办高等教育投资政策的调试与嬗变［J］. 清华大学教育研究，2015（2）.

二、提高执行主体的执行能力并加强对不同类型学校的监管

针对分析中发现的问题，按照史密斯政策执行模型提供的解决思路，当政策出现"紧张"问题后，要进行积极的"处理"并作出"回应"，在动态循环中促进政策的完善，推动政策的贯彻执行。政策执行主体在模型中的"处理""建制""回应"阶段发挥着不可替代的作用。

首先，提高执法机构协调能力及相关人员的执行能力。一是发挥省级行政部门的作用。省级政府向上与中央联系，向下辐射省内各区域，在分类管理政策执行过程中发挥着上传下达的作用，需要提升"政策执行再决策"的能力，即在中央政策开始执行之后，由于可能存在信息不对称和利益冲突，省级政府要根据地方差异再进行决策，根据执行效果对政策进行调整，保持一定限度的灵活性，做好政策的"建制"和"回应"工作。二是要注意各执法部门之间的职责分工和衔接配合，破除各部门之间的相互推诿、"上有政策、下有对策""执行协商"情况的发生。之所以出现这些问题，本质上是各个部门之间基于利益得失的考虑而进行的一种博弈过程。政策执行程度取决于各部门博弈的策略选择，就会出现有利益的时候蜂拥而上，没有利益的时候多一事不如少一事。因此，要从根本上防治"上有政策、下有对策"这种非合作博弈的不良影响，则需从干部管理、绩效考核、行政监督、财政管理、责任追究及信息反馈等方面进一步完善作为博弈规则的相关制度。[①]让各个部门之间既要各司其职，做好职责范围内的行政执法工作，同时还要相互配合，形成执法的合力。三是执行人员要提高学习能力和执政能力，要本着"公共政府"的理念，破除"信公不信私""重国办、轻民办"的思维定式，提升对民办学校的认同度，尤其是对营利性民办学校的认同度，保障政策执行质量。

---

① 丁煌，定明捷."上有政策、下有对策"——案例分析与博弈启示 [J]. 武汉大学学报：哲学社会科学版，2004（6）.

其次，进一步规范公办高校办学行为。民办高校与公办高校享有同等的法律地位，并不仅仅是加大对民办高校的支持，还要创造民办高校与公办高校公平竞争的环境，规范公办高校的办学行为。当前有的地方公办高校强势和民办高校的弱势形成了鲜明的对比，造成了教育生态的严重失衡。《中华人民共和国民办教育促进法实施条例（修订草案）（送审稿）》第七条规定："公办学校不得举办或者参与举办营利性民办学校。公办学校举办或者参与举办非营利性民办学校的，应当经主管部门批准，并不得利用国家财政性经费，不得影响公办学校教学活动，不得以品牌输出方式获得收益。"据此，不能让公办高校既从"计划"中获得好处，又从"市场"中获得利益，加快推动公办高校不规范办学的治理工作，加快完成独立学院的转设工作，营造公办高校与民办高校公平竞争的发展空间。

再次，加强对非营利性民办高校的监管。民办高校分类管理以后，可以预见，非营利性民办高校在很大程度上将与公办高校享有同样的扶持政策，并采取与公办高校相一致的直接扶持方式。这个前提在于非营利性民办高校举办者不可以在办学期间取得办学收益，终止时不可以收回学校办学的剩余财产，只有这样，财政、税收、土地等扶持政策才可以进入非营利性民办高校，不会产生像之前"合理回报"政策不完善而导致国有资产流失的问题。因此，必然要求加强对非营利性民办高校的监管，杜绝以"非营利"之名行"营利"之实的做法再次发生。教育部等部门已经联合制定颁发了《营利性民办学校监督管理实施细则》，对营利性民办高校监管进行了规定，同时对非营利性民办高校监管的办法也需要尽快出台，加快推动《非营利性民办学校监督管理实施细则》和《非营利性民办高校财务监管办法》等规范性制度的颁行。总体而言，财政投入资金越大、影响越广的民办高校，财务管理和监督的制度就应该越严格，对资金的过程管理要求也就越高。同时，民办高校举办者要顺应时代发展和形势变化，摆正办学态度、理清办学思路，在享受同等法律地位和差别化扶持政策下，进一步增强使命感、责任感和紧迫感，在个性化、多样化、特殊化等领域提供教育服务，为社会提供更加优质公平的教育资源。

最后，注重对营利性民办学校的间接扶持。通过分析，营利性与非营利性民办高校的差别化扶持政策，不意味着营利性民办高校不享受扶持政策，不等于把营利性民办高校完全推向市场，否则对民办高校的分类管理政策就是失效的。在差别化扶持政策下，营利性民办高校同样是坚持教育的公益属性、同样是提供教育公共服务的机构、同样是把社会效益放在首位的。区别于对公办高校和非营利性民办高校直接扶持的方式，对营利性民办高校可以采取间接扶持的方式，比如逐步完善对营利性民办高校购买服务的政策，采用公共财政购买营利性民办高校提供的课程、设备等教育服务产品，弥补公办教育资源不足的缺陷。如此，既能发挥营利性民办高校体制灵活、机制高效的特点，也提高了财政资金使用的效用，达到了分类管理政策的目标效果，开创社会力量办学的新局面。

三、增进利益相关者对分类管理政策的理解

民办高校举办者是分类管理政策的最直接的利益相关者，对分类管理政策能否顺利执行发挥着至关重要的作用。究竟是选择营利性民办学校还是选择非营利性民办学校，需要举办者审慎地作出判断。

首先，切实保障利益相关者的合法权益。民办高校实施分类管理的基本原则和制度是为了适应民办教育改革发展的需要，为了保障民办教育持续健康发展，所以在推进过程中，鼓励民办高校按照国家规定为教职工办理补充养老保险，提高教师待遇，保障民办高校学生享受助学贷款、奖助学金等资助。此外，确保民办高校分类法人登记顺利实施。根据对民办高校分类管理的要求，对营利性和非营利性民办学校实施分类登记。在 2017 年 3 月 15 日《民法总则》通过以前，国内对"非营利组织（法人）"的法人属性规定并不明确。此次《民法总则》对我国过去的法人这类民事主体的规定作了较大的调整，将我国法人分为三类：营利法人、非营利法人和特别法人。根据《民法总则》第七十六条的规定，

"以取得利润并分配给股东等出资人为目的成立的法人，为营利法人"。根据《民法总则》第八十七条的规定："为公益目的或者其他非营利目的成立，不向出资人、设立人或者会员分配所取得利润的法人，为非营利法人"。民办高校属于私法人，同样应该受到《民法总则》的规范，修订后的《民办教育促进法》第十九条规定："非营利性民办学校的举办者不得取得办学收益，学校的办学结余全部用于办学。营利性民办学校的举办者可以取得办学收益，学校的办学结余依照公司法等有关法律、行政法规的规定处理。"民办高校的法人属性是民办高校实施分类管理和法人治理的基本前提，结合《民办学校分类登记实施细则》处理好两类民办学校适用《民法总则》的问题，将为我们清晰定位民办高校的身份性质，从根本上解决民办高校的身份和属性问题。只有产权清晰后才能切实保障举办者资产所有权的安全性，鼓励和引导举办者继续办学和长期办学，确保民办高校分类管理改革平稳有序推进。

其次，要使举办者认识到修订后的《民办教育促进法》的根本目的是促进民办教育事业的发展，实施分类管理改革不是限制举办者办学的权利，而是通过允许举办营利性民办学校的方式为举办者开辟新的道路，增加一种新的选择。围绕着民办高校分类管理改革出台的一系列新法新政，有利于维护教育的公益属性，有利于理顺民办高校身份性质不清的问题，有利于理顺民办高校财产权益归属问题，有利于保护出资人的合法权益。在未来发展过程中，民办高校举办者要顺应时代发展和形势变化，摆正办学态度、理清办学思路，在国家和地方民办教育发展的整体规划下，进一步增强使命感、责任感和紧迫感，为社会提供更加优质公平的教育资源，在个性化、多样化、特殊化等领域提供教育服务，才能在激烈的教育市场竞争中立于不败之地，才能进一步凸显举办者的社会地位和社会价值。

四、为分类管理政策执行创设良好环境

根据修正后的史密斯政策执行过程模型，政策环境中要注重经济环

境和社会环境的"处理"与"建制"。经济环境方面，要处理好民办教育发展中出现的新情况、新问题，通过市场化改革，按照市场规律办学，加强规范"不公允"关联交易的现象，规范 VIE 架构下的资金运作，为民办高校发展带来全新的市场环境。社会环境方面，重视非正式制度的建构，促进价值观、意识形态等非正式制度对民办教育认识的转变，加强对民办高校的正面宣传，促使人们在思想和观念上对民办营利性和非营利性形成正确的理解，为分类管理的发展营造宽松的舆论环境。同时，面对不同的意见分歧，我们总的指导思想是坚决贯彻党中央精神，既然党中央已经明确了民办学校分类管理改革的原则，我们就应该坚决贯彻这一要求，从法律制度的构建上为推进分类管理改革提供法律依据，确保改革依法有序进行。[①]为确保民办教育分类管理政策的贯彻施行，各级政府及其教育行政部门和其他有关部门，要高度重视政策的宣传工作，充分宣传实行民办教育分类管理改革的重大意义，特别是要加大对民办高校举办者、管理者、教职工、受教育者和受教育者家长的宣传工作，在全社会形成广泛共识，只有这样才能促进民办高校分类管理政策执行的顺利推进。

首先，准确把握民办高等教育发展环境中的潜在风险。与公办高校相比，民办高校的办学风险更大，尤其是在将民办高校进行营利性与非营利性划分之后，营利性高校的办学风险将更加突出。归入非营利性民办高校的，政府在一定程度上会通过财政补贴、税收优惠、土地支持以及社会捐赠等方法扩大其投资来源；而归入营利性高校的，则只能依靠投资者个人投入以及获取学生的学费维持学校的正常运转，发展过程中会遇到很多方面的风险，诸如投资政策风险、财务风险及生源风险等。投资政策风险主要是政策不明确，导致投资者在政策规范的实际操作面前深陷两难境地。民办高校分类管理后，相应政策规范的出台仍然具有一定的滞后性，应避免由于政策风险而出现的投资困境。财务风险是由于民办高校出现资金上的问题而导致办学出现难以为继的局面。民办

---

① 袁曙宏，李晓红，许安标.《中华人民共和国民办教育促进法》释义［M］. 北京：中国民主法制出版社，2017.

高校自负盈亏，如利用银行贷款来改善办学条件的情况下，当民办高校贷款超过其自身偿还能力时，会出现由于债务负担过重而影响学校正常财务运转的问题，尤其是营利性高校还可能出现投资主体的大规模撤资或者转移投资，这将给民办高校造成无法挽回的损失。学生的学费一直是民办高校经费来源的最主要渠道，生源的数量和质量是民办高校生存和发展的基础，生源争夺战也是民办高校发展中的重要战略。民办高校在与公办高校争夺生源的过程中不具有优势，始终存在生源风险。基于此，民办高等教育应在政策调整过程中，构建投资风险防控体系，降低民办高校投资过程中的风险，加强民办高校投资的预算，合理控制投资规模，避免盲目投资，并根据民办高校内外部环境的发展变化，准确把握民办高校投资的风险趋势，实现民办高校的长远发展。

其次，正确理解民办高等教育的公益性与合法性。教育，包括民办高等教育，都是社会公益事业。我国人口规模世界第一，高等教育需求量第一，在政府的公共财力难以满足需要的情况下，民办高等教育提供了新的选择渠道，使受教育者获得了高等教育的实体性机会，在促进经济和社会发展，有利于社会和谐稳定的同时，适应公民自我发展、自我完善的学习权利要求，从而实现了民办高等教育的公益性。在民办高等教育实践中，国家为鼓励社会力量投资民办高校而制定了相应的优惠政策，即便将民办高校分为营利性与非营利性进行分类管理后，我们也不能就此判断这些公益事业的性质就因此发生了变化，而否定民办高等教育的公益性。我们倡导的应当是构建以公益价值为主导的民办高校价值体系，引导民办高校投资者合理协调各种利益关系，完善民办高校的治理结构，使社会、投资者、办学者都能够认识到公益性是教育的根本属性，任何情况下都不能丧失教育的公益价值。但教育的公益性不等于教育机构行为的合法性，任何公益性机构都应依法举办和运行，并应受到监督。政府责无旁贷地应当承担一定的监管责任，重点关注教育投资情况、资金使用、获得利润的分配、师资投入情况、营利性、公益性等方面，促使民办高校努力提升教学质量，依法保障民办高校的健康持续发展。①

再次，要把握好时代机遇，勇于探索营利性民办高校。凤凰城大学在发展初期可以说是"一招鲜吃遍天"，获得了快速的发展，为阿波罗教育集团带来丰厚的利润；全球教育公司虽然成立于 2007 年，但近几年的发展不可谓不快，服务范围覆盖美国、欧洲、澳洲、拉美、非洲、亚洲等地，为阿波罗教育集团带来新的增长点。对我国民办高校而言，虽然时代赋予了选择营利性办学或非营利办学的权利，但可以预见，选择登记为营利性民办高校的应该为数不多，因为从现有的经验来分析，2003 年原《民办教育促进法》规定出资人"可以取得合理回报"后，规定出资人如果要求取得合理回报，需要在学校章程中对取得合理回报做出明确规定，这一政策的实施效果并不明显，因为大部分民办高校选择不要求取得合理回报，究其原因既有民办高校对优惠政策的考量，如税收优惠、土地资助等，也有对我国现有政治经济文化环境的考虑。在修订后的《民办教育促进法》实施过程中，民办高校负责人要有改革创新的精神，勇于做"第一个吃螃蟹的人"，开创我国民办营利性高校的新纪元。同时，要充分利用资本市场，探索更加广泛的融资途径。营利性民办高校的发展离不开完善的自由市场经济，教育投资的多元化融资需要发挥市场的支撑作用。阿波罗教育集团真正发挥了市场经济的作用，通过市场机制进行调节，发挥资本市场的作用，通过上市融资扩展了其办学经费，扩大了其办学规模，实现了跨越式的发展。《国务院关于鼓励社会力量兴办教育促进民办教育健康发展的若干意见》提出创新教育投融资机制，多渠道吸引社会资金，扩大办学资金来源，鼓励金融机构在风险可控前提下开发适合民办学校特点的金融产品，为营利性民办高等教育的发展提供了政策空间。目前，我国民办高等教育纷纷选择在港股上市，如宇华教育、新高教集团、民生教育，获得了大量资本扩大办学规模，有可能在不远的将来，我国主板市场也会出现几所具有代表性的以营利性大学为基础的上市公司。

---

① 秦惠民，杨程. 我国民办高等教育投资政策的调试与嬗变 [J]. 清华大学教育研究，2015（2）.

最后，要明确学校办学定位，回归到人才培养的核心使命上。《国务院关于鼓励社会力量兴办教育促进民办教育健康发展的若干意见》第二十三条规定："明确学校办学定位。……鼓励举办应用技术类本科高等学校，培养适应经济结构调整、产业转型升级和新产业、新业态、新商业模式需要的人才。"不容否认，我国民办高校办学基础薄弱，目前尚无法与公办高校处于同一竞争平台上，在很多重要方面依然无法得到必要的保障，难以得到社会的认可。所以，民办高校一定要找准办学定位，尤其是营利性民办高校一定要以教育规律为基础，不能过度追逐利益。办学定位是一所学校发展的根基，诸如新近成立的西湖大学，提出了要"致力于探索与国际一流科研机构接轨的现代科研体制和创新培养模式，致力于前沿基础科学研究和博士研究生的培养"。分类管理后的民办高校，或定位于应用技术类，或定位于综合类，一定要回归到人才培养的核心使命上，进一步改革创新人才培养理念和模式，培养适应新时代的人才。

主要参考文献

［1］Woodrow Thomas Wilson.The Study of Administration［J］. Political Science，1886.

［2］Harold D.Lasswell.The Decision Process［M］. Maryland：University of Maryland Press，1956.

［3］张金马. 政策科学导论［M］. 北京：中国人民大学出版社，1992.

［4］宁骚. 公共政策学［M］. 北京：高等教育出版社，2003.

［5］陈振明. 公共政策学：政策分析的理论、方法和技术［M］. 北京：中国人民大学出版社，2004.

［6］Charles O.Jones.An Introduction to the Study of Public Policy ［M］. Monterey：Brooks/Cole Publishing Campany，1984.

［7］詹姆斯·E·安德森. 公共政策制定（第5版）［M］. 谢明，译. 北京：中国人民大学出版社，2009.

［8］William O.Stanley.Educational and Social Policy［J］. Review of Educational Research，1966（31）.

［9］Thomas B. Timar，James W. Guthrie. Public value and Public School Policy in the 1980s［J］. Educational Leadership，1980（11）.

［10］Frederick Wirt，Douglas Mitchell，Catherine Marshall. Culture and Education Policy：Analyzing Values in State Policy System ［J］. Educational Evaluation and Policy Analysis，1988（10）.

［11］Liz Dawtrey. Equality and Inequality in Education Policy［M］. Bristol：The Open University，1995.

［12］Mark Olssen，John A Codd，Anne-Marie O'Neil.Education Policy：Globalization，Citizenship and Democracy［M］. London：Sage

Publications，2004.

［13］Les Bell，Howard Stevenson. Education Policy: Process，Themes and Impact［M］. London：Routledge，2006.

［14］弗朗西斯•C•福勒. 教育政策学导论［M］. 许庆豫，译. 南京：江苏教育出版社，2007.

［15］袁振国. 教育政策学［M］. 南京：江苏教育出版社，1996.

［16］孙绵涛. 教育政策学［M］. 武汉：武汉工业大学出版社，1997.

［17］张乐天. 教育政策法规的理论与实践［M］. 上海：华东师范大学出版社，2002.

［18］范国睿. 教育政策的理论与实践［M］. 上海：上海教育出版社，2011.

［19］吴遵民. 教育政策国际比较［M］. 上海：上海教育出版社，2009.

［20］刘复兴. 国外教育政策研究基本文献讲读［M］. 北京：北京大学出版社，2013.

［21］闵维方，文东茅. 学术的力量：教育研究与政策制定［M］. 北京：北京大学出版社，2010.

［22］Trowler P. Education policy［M］. London：Routledge，2003.

［23］孙绵涛等. 教育政策论［M］. 武汉：华中师范大学出版社，2002.

［24］杨润勇. 区域教育政策行为研究［D］. 北京：北京师范大学教育学院，2005.

［25］张新平. 教育政策概念的规范化探讨［J］. 湖北大学学报，1999（1）.

［26］吴雪晶. 我国民办高校教育经费筹集多元化发展模式研究［D］. 济南：山东大学硕士学位论文，2009.

［27］张剑波. 民办高等教育投资风险及其规避［J］. 高等工程教育研究，2007（2）.

［28］杨德岭，陈万明. 我国民办高等教育投资现状与投资对策探析［J］. 河南师范大学学报：哲学社会科学版，2012（9）.

［29］石邦宏，王孙禹. 民办高校营利性与非营利性的制度思考［J］. 中

国高教研究，2009（3）.

［30］潘懋元，别敦荣，石猛. 论民办高校的公益性与营利性［J］. 教育研究，2013（3）.

［31］邬大光，王建华. 对高等教育介入资本市场的反思——营利与非营利视角［J］. 教育发展研究，2005（8）.

［32］上海市教育委员会美国私立大学考察团. 美国私立大学管理体制［J］. 教育发展研究，2005（5）.

［33］袁青山. 美国私立营利性和非营利性大学的分类管理和启示［J］. 现代教育科学，2011（5）.

［34］温松岩. 美国私立高等教育的发展、演变、特征与未来走势［J］. 清华大学教育研究，2005（4）.

［35］汪峰. 认证规范与就业驱动——美国营利性大学教育质量保障机制探讨［J］. 教育发展研究，2008（10）.

［36］高小立，周保利. 美国阿波罗教育集团经营状况分析［J］. 河北大学学报：哲学社会科学版，2014（2）.

［37］米切尔·B·鲍尔森. 高等教育财政：理论、研究、政策与实践［M］. 孙志军，等，译. 北京：北京师范大学出版社，2008.

［38］Steiner-Khamsi，Gita. The Global Politics of Educational Borrowing and Lending［M］. New York：Teachers College Press，2004.

［39］Hilmer，M.J.Post-Secondary Fees and the Decision to Attend an University or a Community College［J］. Journal of Public Economics，1998.

［40］民办教育立法讨论焦点：民办学校举办者能否取得合理回报［N］. 中国教育报，2002-08-25.

［41］秦惠民，杨程. 我国民办高等教育投资政策的调试与嬗变［J］. 清华大学教育研究，2015（2）.

［42］陶西平，王佐书. 中国民办教育［M］. 北京：教育科学出版社，2010.

［43］董圣足. 民办学校"关联交易"的规制与自治［J］. 复旦教育论

坛，2018（4）.

［44］袁曙宏，李晓红，许安标.《中华人民共和国民办教育促进法》释
义［M］. 北京：中国民主法制出版社，2017.

［45］周海涛，景安磊，刘永林. 助力支持和规范民办教育发展［J］. 教
育研究，2017（12）.

［46］王大泉. 践行"新四化"推进教育体系整体创新［J］. 国家教育
行政学院学报，2017（9）.

［47］黄藤. 从办学实践谈民办高校分类管理［J］. 教育经济评论，2016
（2）.

［48］戴维·M·沃克. 牛津法律大辞典［A］. 北京：光明日报出版社，
1988.

［49］邹瑜，顾明. 法学大辞典［A］. 北京：中国政法大学出版社，1991.

［50］王波，程福蒙. 民办学校教师同等法律地位问题分析［J］. 教育
发展研究，2006（6）.

［51］周海涛. 清除民办教育参与公平竞争的阻碍［J］. 中国高等教育，
2017（5）.

［52］吴会会，薛二勇.《民办教育促进法》修订的政策过程研究［J］. 教
育发展研究，2018（13）.

［53］吴开华，邵允振，赵小平. 分类管理背景下广东民办教育地方性
法规修订探析［J］. 地方立法研究，2018（1）.

［54］王纾然，何鹏程. 分类管理背景下民办教育财政扶持政策的转向
［J］. 教育发展研究，2018（7）.

［55］张维平，马立武. 美国教育法研究［M］. 北京：中国法制出版社，
2004.

［56］柳艳鸿. 美国职业教育的法制化及对我国的启示［J］. 中国职业
技术教育，2003（2）.

［57］杨晓波. 美国联邦政府的高等教育政策［J］. 外国教育研究，2003
（10）.

［58］Henry D. David, Challenges Past. Challenges Present: An Analysis of

American Higher Education Since 1930［M］. San Francisco：Jossey-Bass Publishers，1975.

［59］Mumper，Michael. Removing College Price Barriers［M］. New York：State University of New York Press，1996.

［60］Gillespie，Donald A. Nancy Carlson. Trends in Student Aid：1963 to 1983［M］. Washington D C：Washington Office of the College Board，1983.

［61］魏建国. 美国《高等教育法》修订与高等教育财政改革［J］. 北京大学教育评论，2008（10）.

［62］李函颖，徐蕾. 奥巴马政府高等教育入学保障性政策述评［J］. 高等教育研究，2017（7）.

［63］吴万伟. 特朗普的高等教育政策主张［J］. 复旦教育论坛，2017（1）.

［64］王英杰. 美国高等教育发展与改革百年回眸［J］. 高等教育研究，2000（1）.

［65］James Coleman，Richard Vedder. For-Profit Education in the United States：A Primer［R］. Center for College Affordability and Productivity，2008.

［66］饶燕婷. 20 世纪 70 年代以来美国高等教育结构调整的特点及启示［J］. 中国高教研究，2009（10）.

［67］袁征. 美国营利和非营利学校的分界［J］. 教育发展研究，2010（10）.

［68］Richard S. Ruch.The Rise of the For-Profit University［M］. Higher Ed. inc：Johns Hopkins University Press，2003.

［69］纳尔逊·曼弗雷德·布莱克. 美国社会生活与思想史（上册）［M］. 许季鸿，译. 北京：商务印书馆，1994.

［70］Michael S.McPherson，Morton Owen Schapiro. Keeping College Affordable［M］. Washington D C：Brookings Institution，1991.

［71］李明华. 美国营利性高等教育的兴起及对中国的借鉴意义［J］. 高

等教育研究，2004（9）.

［72］Carol Everly Foayd. Earning from Learning：the Rise of For-Profit Universities［J］. Review of Higher Education，2007（31）.

［73］丁秀棠. 营利性高等教育活动本质与主要特征：理性主义的视角［J］. 浙江树人大学学报，2016（11）.

［74］Chris Cook. UK approves first for-profit university［N］. Financial Times，2012-11-23.

［75］彭江. 美国高等教育认证制度：历史发展、系统结构及启示［J］. 大学教育科学，2012（2）.

［76］克里·斯坦森. 创新者的课堂：颠覆式创新如何改变教育［M］. 北京：中国人民大学出版社，2015.

［77］周详. 美国营利性高等教育的困局及其对教育立法的启示［J］. 中国高教研究，2016（6）.

［78］John Aubrey Douglass. The Rise of the For-Profit Sector in US Higher Education and the Brazilian Effect［J］. European Journal of Education，2012（2）.

［79］Susan O'Malley. The Leading Edge of Corporatization in Higher Ed：For-Profit Colleges［J］. Radical Teacher，2012（1）.

［80］阚阅. 金融危机中的美国高等教育财政［J］. 比较教育研究，2009（9）.

［81］吴玫. 美国营利性高等教育的新危机［J］. 高等教育研究，2018（4）.

［82］余雪莲，吴岩. 美国营利性大学的办学特点及启示——以凤凰城大学为例［J］. 教育评论，2006（2）.

［83］高晓杰. 美国营利性私立高等教育与资本市场［M］. 第1版. 广州：广东高等教育出版社，2008.

［84］Kevin Carey.Why Do You Think They're Called For-Profit Colleges？［N］. The Chronicle of Higher Education，2010-07-25.

［85］罗伯特·罗兹，梅伟惠. 特朗普时代的美国高等教育政策：六大

营利抑或非营利：民办高校分类管理的政策与实践

要点 [J]. 全球教育展望，2017（8）.

[86] 廖连中. 企业融资——从天使投资到 IPO [M]. 北京：清华大学出版社，2017.

[87] 刘风明. 影响我国民办教育机构上市的因素分析及对策建议 [D]. 昆明：昆明理工大学，2017.

[88] 王磊. 产业化与金融化背景下的教育行业发展趋势及投融资策略 [M]. 大连：辽宁教育出版社，2018.

[89] 潘奇，董圣足. VIE 架构在教育领域的应用、问题及其对策 [J]. 教育发展研究，2018（5）.

[90] 贺东航，孔繁斌. 公共政策执行的中国经验 [J]. 中国社会科学，2011（5）.

[91] Matland R.Synthesizing the Implementation Literature：The Ambiguity-Conflict Model of Policy Implementation [J]. Journal of public administration and research，1995（2）.

[92] Thomas B. Smith.The Policy Process Implementation [J]. Policy Sciences，1973（4）.

[93] 薛澜，赵静. 转型期公共政策过程的适应性改革及局限 [J]. 中国社会科学，2017（9）.

[94] 阎凤桥.《民办教育促进法》修改过程中的合法性问题探讨 [J]. 复旦教育论坛，2017（5）.

[95] 陈文联，黄夏雨. 民办高校分类管理的非正式制度障碍及解决路径 [J]. 浙江树人大学学报，2018（2）.

[96] 王烽. 影响民办教育"新政"实施效果的关键因素 [J]. 教育发展研究，2017（3）.

[97] 丁煌，定明捷."上有政策、下有对策"——案例分析与博弈启示 [J]. 武汉大学学报：哲学社会科学版，2004（6）.

[98] 何周，唐威. 民办教育机构 IPO [M]. 北京：法律出版社，2017.

[99] 李虔，卢威. 民办学校分类管理十大未来问题探析 [J]. 中国教育学刊，2018（8）.

后　记

自 2015 年从中国人民大学毕业以来，转眼已经过了近 4 年。博士论文《中美私立高等教育投资的政策比较》，通过详细比较中美教育投资政策的价值导向、政策环境及政策过程，提出妥善解决这些问题需扩大投资渠道，实现多元化投资模式，发挥社会主义市场经济的优越性，对民办高等教育实施分类管理，并完善相应的配套政策措施。当时，博士论文受到来自北京大学、清华大学、北京师范大学及中国人民大学答辩委员会专家的一致好评，为此书奠定了重要基础。博士论文完成于 2015 年，当时论文中呼吁的民办教育分类管理政策于 2016 年修法通过，甚是欣喜。本书是在博士论文基础上的继续延伸，对分类管理政策落地后民办高校如何进行路径选择的研究与分析，希望有助于促进民办高等教育的进一步发展。

研究过程中，在北京、河北、河南、湖北、贵州、陕西、吉林、重庆等多个省市展开调研，通过咨询报告、学术论文等形式，在民办教育领域产生了一系列成果。在 2018 年，获得全国教育科学规划课题国家青年项目（CIA180276）"民办高校营利抑或非营利路径选择的调查研究"的资助，为继续深入开展民办高校分类管理的相关研究提供了动力。

本书在撰写和出版过程中得到了教育部、国家教育行政学院、中国人民大学、北京师范大学和北京、河北、河南、吉林、重庆等省市教育行政部门的支持、指导和帮助。国家教育行政学院副院长于京天、北京外国语大学国际教育学院院长秦惠民教授、中国人民大学教育学院周光礼教授、北京大学施晓光教授、北京师范大学周海涛教授给予了重要的指导；教育部政策法规司副司长王大泉、法制办副主任翟刚学、综合改革司试点指导处处长张岩、发展规划司民办教育处处长顾然在政策法规上给予大量指导和帮助；北方投资集团董事长杨炜长以及新高教集团、信阳学院、贵州民族大学人文科技学院等负责人为本书提供了大量一手的经验材料；国家教育行政学院学术文库出版基金和学术调研平台为本书提供了支持。此外，还有许多未能一一述及的领导、专家学者、同事和朋友，在此我一并表示衷心感谢！

最后，受时间、精力及能力所限，书中难免会有疏漏乃至错误之处，书中的一些观点尚不成熟，敬请广大读者予以谅解并批评指正。

杨　程

2019 年 1 月 6 日